区块链

开创新商业时代

凌发明 ◎ 著

QUKUAILIAN

KAICHUANG XIN SHANGYE SHIDAI

北京工业大学出版社

图书在版编目（CIP）数据

区块链：开创新商业时代 / 凌发明著. —北京：北京工业大学出版社，2019.9
　ISBN 978-7-5639-6901-2

Ⅰ. ①区… Ⅱ. ①凌… Ⅲ. ①电子商务 – 支付方式 – 研究 Ⅳ. ① F713.361.3

中国版本图书馆 CIP 数据核字（2019）第 130739 号

区块链：开创新商业时代

著　　者：	凌发明
责任编辑：	钱子亮
封面设计：	国风设计
出版发行：	北京工业大学出版社
	（北京市朝阳区平乐园 100 号　邮编：100124）
	010-67391722（传真）　bgdcbs@sina.com
经销单位：	全国各地新华书店
承印单位：	北京市科星印刷有限责任公司
开　　本：	787 毫米 ×1092 毫米　1/16
印　　张：	13
字　　数：	144 千字
版　　次：	2019 年 9 月第 1 版
印　　次：	2019 年 9 月第 1 次印刷
标准书号：	ISBN 978-7-5639-6901-2
定　　价：	48.00 元

版权所有　翻印必究
（如发现印装质量问题，请寄本社发行部调换　010-67391106）

前　言

2009年，一个至今还不知道他真实身份的神秘人物"中本聪"，将比特币带到这个世界上来。只不过用一篇没有在任何学术期刊上公开发表过的论文，中本聪就在人们的旧观念里丢了一颗炸弹，引起了广泛的回响。

一开始，人们只是关注比特币，但是很快，人们就发现，和比特币相伴而来的区块链技术同样具有价值，甚至具有更大的价值。于是，当比特币所带来的喧嚣还未退去，区块链又携闪电风雷的势头，在人们的科技观念当中引起了另一场风暴。

区块链以它的去中心化、开放性、安全性、不可篡改、可追溯、匿名性等一系列的强大属性，向人们展示了科技的强大，预示了未来世界的一种发展方向。很多人都从区块链上看到了未来的影子，并相信未来已来，只是还未流行。于是，全世界的目光都投注到了区块链上，区块链的大名也在极短的时间内，变得无人不知、无人不晓。

区块链诞生的时间不过10年，却已经经历了三个时代。区块链1.0主要针对数字货币；区块链2.0针对智能合约，可以应用在金融市场中；区块链

3.0适用的场景将会更多,一个"区块链时代"正在缓缓拉开帷幕。

区块链实在是太强大了,它所提供的去中心化组织结构,以及它给人们带来的去信任化状态,都凸显了它的先进性。因此,尽管各国政府还没有为区块链进行信用背书,但这并不影响人们对区块链的向往,也不影响人们对它的信任。全世界对新技术有着强烈渴望的企业,都在积极研究区块链,并在区块链应用方面不断探索和实践。无论是金融机构还是非金融机构,无论是传统企业还是互联网企业,在各个领域、各个行业,几乎都有人抱着极大的热情,对区块链在行业的应用潜心钻研。

区块链技术其实就是加密技术与点对点通信技术的集合体,区块链就是在区块链技术的基础上形成的去中心化的数据库,它就像是一个无比巨大的数据库账本。区块链将全世界的电脑都利用起来,让数据变得比以前更加安全。区块链因其特性,首先受到银行等金融行业的重视,继而发展到其他各个领域。在不远的将来,区块链将会和我们生活的方方面面相结合。

区块链科学、强大、先进,它几乎可以和各个行业和领域结合起来。以区块链强大的数据库为基础,可以开发出来的应用会非常多。在协议层面上建立起共识机制,这些应用就能够实现各种实际需要的功能。区块链就像是一个万能的催化剂,它和哪个行业结合起来,哪个行业就能产生一场革命。因此,"区块链+"将会改变现有的经济格局,重塑产业新经济。

区块链技术可以应用在金融行业。有了区块链之后,金融作为信息行业的本质就可以更充分地体现出来。实际上,金融本来就是一个信息行业，只不过在技术水平还没有达到的情况下，这个性质无法很好地体现出来，因此人们往往也就忽略了这一点。有人对金融的利润来源进行分析，发现通过信息收集、处理和分析所获得的利润占了总利润的90%左右。

区块链还可以应用在物联网。区块链让物联网变成去中心化的结构，因此交互设备之间的协作和交易处理就会更好。区块链作为一个基础架构出现，能够给物联网带来的好处简直太多了。其中最重要的是，当所有的区块链都对自己的行为进行管理，将自身的作用都充分发挥出来，一个"去中心化的自治物联网"就出现在我们的眼前。于是，数字世界的"民主时代"便到来了。

区块链还可以应用在能源方面，它可以让能源变成分布式的。分布式能源在一些发达国家发展得非常迅速。很多发达国家的政府对分布式能源的发展特别重视，不但对分布式能源的发展进行技术支持和规划引领，还出台了很多优惠的政策，并帮助建立起合理的价格机制以及统一的并网标准。分布式能源的发展有了好的政策推动，在整个能源体系中所占的比重越来越大。在欧盟，分布式能源的比例已经占到了10%左右。

区块链还可以与工业结合，与文化娱乐结合，与管理、保险、电子、社交、农业、医疗、交通等众多的行业和领域结合。"区块链+"几乎可以和所有的领域结合到一起，它会在方方面面改变经济格局，也改变我们的生活状态。

区块链在一些行业和领域才刚刚起步，在应用方面还不成熟。但是，一些有胆识、有魄力、敢于创新的公司，正在区块链的方向上不断探索。在各个行业当中，都有一批在区块链技术上不断开拓的先行者。

全世界对区块链技术万众瞩目，一大批有理想、有信念、有实力的人在区块链的应用领域积极努力。在不久的将来，"区块链+"就能加上更多的行业，加上各行各业，加上我们的整个生活和工作的全部内容。到那个时候，区块链将会给我们带来全新的经济格局，也带来全新的世界。

目 录

**第一章　区块链大揭秘：
全方位了解区块链**

> 区块链已经经历了1.0和2.0时代，正在向3.0时代迈进。今天，区块链的概念火爆全世界。区块链到底是什么？它有什么特点和好处？让我们来全方位对区块链进行一场大揭秘。

从1.0到3.0，区块链风靡世界 / 002
区块链的颠覆性特点 / 006
区块链的核心是什么 / 010
区块链带来的技术挑战 / 014
从各国政府对比特币的监管中能看到什么 / 018
中国对区块链的研究活动 / 022

第二章 区块链带来的观念革命

区块链带来了新的技术,也通过这些技术,给人们带来了观念的革命。人们会重新认识去中心化,充分理解去中心化和中心化的关系,明白其能带来的种种好处。不仅是商业和金融界,各行各业的人都将因为区块链而产生新的观念。

比特币和区块链让人们重新认识了去中心化 / 028

区块链给商业和金融业带来的观念革命 / 031

区块链对社会具有非凡的意义 / 034

区块链带来了人类观念发展的一个新阶段 / 038

第三章 区块链的基础技术

要真正明白什么是区块链,就要对区块链的基础技术有一个总体的了解。对区块链的结构、基础设施、应用技术等一系列的问题,都要清楚。知道了这些之后,就会对区块链形成一个整体的概念。

遮天巨网般的区块链结构 / 044

区块链的基础设施 / 048

公有区块链和私有区块链 / 051

物联网和区块链 / 055

第四章 区块链的未来：去中心化

> 区块链是一种去中心化的结构，区块链因为去中心化而代表一种新的技术和组织形式，区块链的未来也将会是去中心化的。去中心化是区块链的未来，也是整个世界的未来。它是时代发展的一种趋势，也是一种潮流。

区块链是去中心化的理想工具 / 060

去中心化需要有一个模板 / 064

寻找去中心化的时机 / 067

去中心化的下一代数据库 / 070

去中心化有光明的未来 / 073

第五章 区块链和每个人的生活息息相关

> 区块链并非只能在金融方面应用，也并非只能用在工作上，它和我们每个人的生活都息息相关。区块链会让我们生活中的很多事情都变得更加简单，将会改变我们的生活状态，让我们的生活越来越方便快捷。

区块链让房产确权问题变得简单 / 078

区块链改变股权交易现状 / 082

区块链让电子商务更加便捷 / 085

区块链让身份认证不再麻烦 / 089

数字资产将成为一个大趋势 / 092

区块链让预测未来成为可能 / 096

第六章 区块链影响金融格局

> 区块链的诞生，首先就给金融行业带来了非常大的好处。区块链和比特币相伴而生，似乎它生来就和金融有了不解之缘。区块链的安全性、透明性以及不可篡改等属性，对金融行业来讲都是非常好的，它将会全面影响到当前的金融格局。

股权清算结算机制将被区块链改变 / 100

区块链让共享金融不再是梦 / 104

区块链让信任变得更加简单 / 107

区块链将给银行业带来革命 / 110

区块链引发金融支付的风暴 / 113

第七章 区块链
将在各个应用领域带来风暴

> 区块链的特性，让它不仅仅可以在金融领域得到应用，还可以在其他领域带来风暴。区块链在全世界火爆起来，很多人都在认识区块链、研究区块链。区块链将在各个应用领域带来风暴，它有这样的属性和能力，而全世界的关注也正是最好的机遇。

区块链在能源行业的应用 / 118

区块链在工业上的应用 / 121

区块链在文化娱乐领域的应用 / 125

区块链在慈善公益领域的应用 / 129

第八章 "区块链+"
将改变传统行业（一）

> "区块链+"会在传统行业引发革命，极大地改变传统行业的状态。区块链在传统行业中会有什么样的应用和前景，又将带来什么样的改变呢？

区块链在交易上的应用 / 134

区块链在国际支付方面的应用 / 137

区块链在投资方面的应用 / 140

区块链在管理上的应用 / 143

区块链在物联网上的应用 / 146

区块链在保险行业的应用 / 149

第九章 "区块链+"将改变传统行业（二）

> 区块链在传统行业的应用非常广泛，它可以改变的传统行业非常多。这一章主要介绍区块链在电子行业、社交软件、数据储存、版权等方面的应用。

区块链在电子行业的应用 / 154

区块链在社交软件方面的应用 / 158

区块链在游戏行业的应用 / 161

区块链在数据储存方面的应用 / 165

区块链在奢侈品行业的应用 / 168

区块链在版权方面的应用 / 171

第十章 "区块链+"将改变传统行业（三）

> 区块链在政务管理、媒体、农业、交通出行、医疗等方面都可以应用。当区块链在这些行业和领域得到充分应用时，它就能够改变这些行业和领域的现状，给我们的生活和工作带来更多的便利。

区块链在政务管理上的应用 / 176

区块链在媒体方面的应用 / 180

区块链在农业上的应用 / 184

区块链在交通出行上的应用 / 187

区块链在医疗行业的应用 / 190

第一章

区块链大揭秘：
全方位了解区块链

区块链已经经历了1.0和2.0时代，正在向3.0时代迈进。今天，区块链的概念火爆全世界。区块链到底是什么？它有什么特点和好处？让我们来全方位对区块链进行一场大揭秘。

从1.0到3.0，区块链风靡世界

区块链就像是一个无比巨大的数据库账本，它将系统内的电脑都利用起来，让数据变得比以前更加安全。区块链因其特性，首先受到银行等金融行业的重视，继而发展到其他各个领域。相信在不远的将来，区块链会和我们生活的方方面面相结合。

区块链看似一夜之间就风靡全世界，实际上它已经在普通人的视线之外经历了三个时代，从1.0到3.0。

区块链1.0时代，它只是和比特币一起出现，是比特币的一个基础技术，让比特币得以应用。

区块链2.0时代，数字货币和智能合约结合了起来。于是，金融领域更广泛的应用场景得以打开，整个流程也变得更加优化。因此，比特币受到越来越多的关注，也更加受到青睐。

区块链3.0时代，区块链已经从金融领域的圈子跨了出来，和各行各业相结合，完全融入人们的生活，给人们的生活带来翻天覆地的变化。

区块链是一个数据库，它之所以显得非常独特，是因为它的去中心化。当比特币出现时，区块链作为它的支撑技术，走进了人们的视线当中。如果比特币是一棵大树，那么区块链就是这棵大树脚下的土壤，正是它支撑着这棵大树，让其得以生长。

区块链1.0时代，区块链和比特币完全绑在一起，两者密不可分。区块链的去中心化特性，让比特币也拥有了去中心化的特点。因此，比特币就有了和其他货币不同的属性，它不会被单个的国家或者组织所控制，它更加自由。这个属性，让比特币有了影响世界的能力。

正是因为区块链让比特币拥有了强大属性，所以在区块链1.0时代，各个国家对比特币的态度还不是很明确。有不少国家对比特币持观望态度，还有的国家对比特币出台针对性的政策。可以说，在区块链1.0时代，区块链和比特币的发展并不算特别顺利，可以说是在法律的边缘地带徘徊，在人们期待又怀疑的态度下艰难地迈步。

美国曾针对建立在区块链技术上的比特币出过一个文件——《金融犯罪执法网络法规在个人管理、交换和使用虚拟货币中的应用》。文件指出，比特币作为一种虚拟货币，没有实际货币的全部属性和法定货币地位。

后来，美国联邦税务局又针对比特币发过一个通告。通告中说，比特币和其他虚拟货币都不是货币，它们应该算是财产，无论是比特币的"挖矿"还是买卖和使用，都应该按照其他物品所适用的税务法规进行纳税申报。

在区块链1.0时代，各个国家对区块链和比特币的态度相对还是比较抵制的。大多数人也因为对其不熟悉而有些犹豫，持观望态度。到了区块链2.0时代，这种抵制和观望的态度就发生了很大转变。很多国家开始接受区块链和比特币，并对比特币进行监管。人们对区块链和比特币也慢慢开始接受。于是，区块链和比特币成了很多人关注的对象。

在区块链2.0时代，区块链的技术更加成熟，以太坊区块链出现了。这也是区块链2.0时代的显著标志，正是这种改变，让区块链拥有了更强大的生命力。

在刚开始的阶段，区块链以支撑比特币实现虚拟货币职能的方式存在，尽管在某种程度上来说也是灵活的，但毕竟在货币之外的应用场景就很受局限。但是，当区块链和比特币分开，成为一个独立的平台构架，情况就大不一样了。正是区块链脱离比特币而存在，让区块链迎来了它的2.0时代，也越来越受到人们的重视。

区块链2.0时代，区块链成为一个可编程的分布式信用基础设施，是可以支撑起智能合约应用的技术，应用范围和价值都大大提升。于是，区块链一下子变得无比火爆，受到金融行业的特别关注，很多信用问题都因为它而得到了解决。

区块链有这么强大的功能，只局限在金融行业怎么够，它应该用它的强大功能造福各行各业，造福整个人类社会。于是，区块链3.0时代来了。

区块链3.0时代，是"区块链+"的时代。区块链会和各行各业联系到一起，用它强大的功能，和各行各业产生化学反应，给各行各业带来新的发展契机。

  区块链3.0时代正在缓缓走来,但还是有人会持怀疑的态度。在互联网刚刚兴起时,人们对互联网持怀疑态度,可是几年之后,互联网的大潮已经席卷整个世界。区块链也是如此,它很快就会融入我们的生活,我们应该去积极拥抱它。

区块链的颠覆性特点

区块链本来和比特币是一对孪生兄弟，现在区块链的技术应用，绝大多数和比特币是相似的，只是在比特币构架基础上，进行一些扩展。区块链技术已经被金融行业充分认可，并得到了空前的关注度。人们普遍认为，区块链技术可以从最底层将现在的传统金融行业IT基础构架进行重构。

区块链的颠覆性特点，首先来自它的基础架构。它的基础架构可以分成三层：网络层、数据层、应用层。

从网络层来看，区块链是一个分布式系统，它建立在TCP/IP通信协议（网络通信协议）和对等网络的基础之上。但是，它跟传统的分布式系统不一样，它没有中心化的服务器节点，不需要这种节点来发布消息。它的每一个节点都能参与到消息的发布，这是它显著的特点。也正因如此，它与传统的网络相比，具有更强的安全性。当一个节点出现问题，其他节点依旧正常，整个系统不会出现错误，这就是P2P网络的强大之处。

从数据层来看，区块链是一个分布式账本，它的数据库系统有一个显著特点，就是只能够追加，不可以更改。区块链如果是公开的，就是公有的，那么谁都可以在世界上的任何一个地方，对它进行查询。它是公开透明的，面向所有人。区块链网络中的数据库能保持一致，这要归功于节点所使用的共识算法。而它的不可更改，则是因为采用密码学的签名和哈希算法（散列算法）。于是，区块链可以保持既公开又安全的独特属性。

从应用层来看，区块链可以在登记、清算系统等传统的内容上，发挥出它的作用。区块链可以给用户提供编程环境，这样用户就可以自己去编写智能合约。于是，在这种智能合约的约束之下，业务规则就可以变成在区块链平台自动执行的合约。这种执行公开公正，不会被第三方所干扰，因此值得信赖，可以节省很多人力物力。

对区块链的应用，很多人都特别看好。

波士顿咨询公司认为，在区块链技术支撑下的汇兑和支付，它的安全性、交易时间、成本都会对传统支付业务带来颠覆式的影响。到2030年时，全世界支付业务收入大概为8070亿美元。那时，区块链技术将会在这项应用上，显现出它的巨大价值。

花旗银行认为，区块链技术在金融上的应用，将产生很大的价值。到2020年时，假如各大金融机构都可以应用区块链技术，那么每年能够节省的成本将超过200亿美元。

区块链的架构是独特的，它的架构还有更多更细化的特点。

1. 去中心化

区块链是分布式的系统结构，它的数据储存、数据传输以及验证等所有的过程，都是在这个结构之上进行的，它的网络里没有一个中心化的管理机构。区块链里，每一个节点都有相同的权力以及义务，是非常安全和公平的。

2. 集体维护

区块链是去中心化的，而它的维护也是整个系统里所有的具有记账功能的节点一起来维护。也正因如此，任何一个节点出现了问题，都只是这个节点自己的问题，不会对整个系统造成影响。

3. 开源可编程

区块链系统一般都是开源的，所有人都知道它的代码，数据和程序也是公开的，谁都可以对系统里的数据进行查询。区块链平台还会提供脚本代码系统，这个系统非常灵活，用户可以根据自己的需要，创建一些高级的智能合约，还可以创建去中心化的应用等。

4. 安全的数据库

区块链是去中心化的，每一个节点都参与数据储存，而且每一个节点上的数据都是完整的。也就是说，这份数据有非常多的备份，除非一半以上的节点上的数据都被篡改了，否则数据是不可能出现错误的。于是，这个数据库相对于传统的数据库来说，安全性大大提高了。

5. 交易准匿名性

区块链所使用的不是传统的基于PKI（公开密钥体系）的第三方认证中心颁发数字证书的身份证明，而是使用和用户公钥有关的地址来对用户进行标记。用户只需要将地址公开就行了，没有必要公开自己的身份。因此，区块链具有交易准匿名性的特点。

6. 安全可信

区块链使用非对称密码学原理进行交易签名，因此，想要伪造交易是不行的。它还用哈希算法来保证交易数据不被篡改，并用分布式节点来防止别人攻击。因此，区块链里的数据基本上是不可伪造和篡改的，十分安全，值得信赖。

区块链的特点有很多，这些特点和传统的平台相比，不少都是颠覆性的。区块链这些颠覆性的特点，让它具有了独特的魅力和价值。区块链的独特性，让它成为人们青睐的对象，也让它能够迅速火遍世界。

区块链的核心是什么

区块链的特点有很多，但要说它的核心，那一定是去中心化。去中心化是区块链所有特点当中最突出的，区块链之所以那么独特，就是因为它建立在去中心化的理念之上。

区块链的去中心化，是非常科学的，也是非常智慧的。当有一个中心节点时，一旦中心节点出现问题，整个系统便瘫痪了。没有了中心节点，去中心化之后，任何节点出现问题，都不会影响到整个系统的运行。因此，去中心化是比中心化更稳定的一种系统结构，就像候鸟的飞行智慧一样。

候鸟会在冬天来临之前飞到南方过冬，在春天飞回北方。这一来一往中，候鸟会成群结队。它们没有人来指导，却可以排成一些特定的阵型，在飞行途中节省体力。除了长途飞行，在其他时候，一群鸟在空中盘旋，也会形成旋涡状的一圈圈的圆环。

这些飞鸟没有人来指挥，却可以成群结队，那么整齐。它们是怎样做到的呢？它们就是以去中心化的方式来完成自己的动作的。当群鸟飞到空中，没有一个中心来参考，它们各自为节点，却又各自为参照。每一只鸟都会以周围的五六只鸟为参照，和这几个同伴保持一致的飞行状态。因此，尽管没有一个中心，其实每一只鸟都是中心。于是，它们巨大的阵型就能非常有秩序，一点也不会变得混乱，也不会因为某只鸟没调整好状态而影响到整个阵型。

区块链的去中心化，正是鸟群的这种智慧的一种体现。在区块链当中，每一个节点都拥有完整的数据，都是一个相对独立的个体。每一个节点都可以和其他节点自由联通，成为一个新的单元。每一个节点都有可能变成中心，只不过这个中心不会对其他节点进行控制。节点和节点之间都是相互关联的，但不是简单的线性联系，它们相互影响，却又彼此独立。这种去中心化的结构非常科学，它扁平、开放、平等，是特别好的结构模式。

传统的很多组织都是中心化的，比如企业。中心化有很大的弊端，一旦这个中心出了问题，整个系统就瘫痪了。还有就是，一个英明的决策，通过中心传递到末端，但在这个传递的过程中，有可能出现误传，于是最后的执行结果可能就和决策大相径庭。

中心化的结构，就像是一个王国，这个王国由处于中心的国王来控制。如果国王是英明的，而且信息传递的过程中没有出错，国王才能管理好这个王国。如果国王是英明的，但信息传递不好，国王就管理不好。如果国王不英明，同样也无法管理好。

企业是同样的道理，企业的董事会就是企业的中心。董事会的成员负责管理企业和做出最高决策，从上而下，有分明的层级。这样一来，只要一个环节出了问题，就可能会对整个企业产生巨大的影响。而去中心化，让企业扁平化，就可以让信息传递更加科学，并避免一个环节出现问题就影响整个企业出现同样的问题。

其实，在移动互联网的冲击之下，我们的生活和工作，方方面面都在走向碎片化、去中心化。以前人们喜欢坐在电视机前看节目，电视台就是一个中心。现在不同了，人们可能会看很多的自媒体，每个人都可以是中心，没有一个特定的中心了。这种去中心化的状态，看似没有了中心，其实人人都变成了中心。

中心化在人类社会存在了很长时间，从古时候的部落，到现在的企业，都是中心化的。随着区块链技术的出现，越来越多的人意识到去中心化的好处。在这个移动互联网时代，科技已经非常发达，每个人都能够成为一个中心，也都可以做很多事情。当一个人完全有能力自己做一些社会化的事情，就不需要再有中心化的组织来指导了，自己就可以成为一个独立的中心。

实际上，去中心化已经在网络上取得了成功。人们在网络上并不是全都关注媒体，相反，各种个人微博、自媒体等成为人们乐于关注的对象。微信朋友圈也是一个网上发声的地方，几乎每个人都在用微信，在朋友圈发布自己生活中的点滴。在网络上，每个人都是一个信息中心，每个人都是中心。去中心化让网络上的内容更加丰富，于是网络就成为一个绚丽多姿的大花园。

区块链让去中心化成为可能，也让去中心化受到了人们的重视。去中心化之后，维护成本会降低很多，每个人的积极性也会比原来更高。相信区块链所带来的一场去中心化的革命才刚刚展开，未来的路还很长。

区块链带来的技术挑战

区块链技术在蓬勃发展,前景非常好,但也带来一些技术上的挑战。

吞吐量问题

比特币网络信息吞吐量是比较小的,它的最大值是7TPS(每秒处理事务数)。这样的吞吐量,在对信息传输速率要求比较高的实际应用当中,是很难令人们感到满意的。尽管开发者表示这个交易速度的限制可以进行调整,有所提升,但是这显然依旧会带来技术上的挑战。

比如想要让比特币吞吐量变大,有一个可行的方法就是让区块变得大一些。但与此同时,就会产生新的问题,例如区块链会变得比以前更为臃肿等。更要紧的是,要想在生活中运用区块链的技术,就需要更大的信息吞吐量,这相对于比特币的信息吞吐量来说,是很庞大的。

拿VISA(维萨信用卡)系统来说,它平时的吞吐量就很大,有2000TPS,信息峰值时的吞吐量会更大,可以达到1万TPS。一些广告网络对吞吐量的需求就更大了,有时候这些广告网络的吞吐量可以高达10万TPS。

正是由于区块链在生活中应用所需要的吞吐量是巨大的，所以区块链必须要迎接这个挑战，并克服这个问题，才有可能走得更加长远。

容量问题

区块链的容量和宽带问题，也是面临挑战的一个问题。单是比特币区块链，现在就已经超过了45GB，而且增长速度很快，一年时间就可以增长14GB。只是现在，下载它所需要的时间就已经不算短，假如继续增长下去，那么下载它所需要的时间将会变得更长。假如区块链的吞吐量像VISA那样，有2000TPS这种数量级，那么它的增长大概是每天3.9GB，速度很快。如果数量级达到15万TPS，那它的增长速度将更加惊人。

这种容量方面的问题，被称为"膨胀"。区块链如果想要让更多的人使用，满足更多的需求，那么它一定要变得更大才行，这样才可以方便人们访问。虽然现在信息技术已经非常发达了，很多信息的量级都是以TB来作为单位的。然而区块链有所不同，区块链为了安全性和方便访问，所以不可以用普通的方法进行压缩。因此，要想让区块链变得容量更大，且容易下载和访问，需要考虑新的压缩技术，这是一个很大的挑战。

隐私保障问题

区块链技术是去中心化的，每一个节点都有全部的信息。个人可以把自己的信息传到区块链上，这些信息很难丢失。然而，如果别人把你的私钥盗取了，那么你的信息将会完全被对方获取，而且几乎没有任何办法来进行补救。因此，如何在公开的情况下，同时确保人们的隐私能够有所保障，也是区块链面临的挑战。

安全问题

区块链是去中心化的，这一点让区块链比中心化的结构拥有更强的安全性。但是它并非绝对安全，如果一半以上的节点被篡改，它还是有可能出现问题。一旦有人的算力超过了51%，那么他就可以攻击到整个区块链系统。这对区块链技术是一种挑战，但同时也是让区块链技术更加完善的契机。

时间延迟问题

比特币通过区块链的技术支持来运作，在比特币交易时，往往需要比较长的时间才可以确认交易完成，这是为了更加安全。通常，这个确认的过程需要10分钟左右，而为了让这个过程更加安全，时间还有可能会被延长到更长。

现在这个信息化的时代，很多交易连1秒钟都不到，就可以搞定。而区块链这种10多分钟的交易，显然就有太长时间的延迟了，这是个需要解决的问题。如何在保证交易安全的前提下，缩短交易时间，这是对区块链技术的挑战。

不过，区块链在这方面也有优势存在。比如在跨国以及跨行交易或者转账时，它的速度就要比传统的中心化结构要快了。因此，区块链所面临的时间延迟问题，也是部分的问题，不是整体的问题。

能源消耗问题

比特币的产生需要消耗很多能源。在早期，有人估算它每天需要浪费掉价值1500万美元的能源，现在可能会更高。实际上，区块链就是消耗掉能源，来获得"价值"。这些能源的消耗并不是白白消耗，而是通过它们来创造出了更可信的一个环境。

区块链的能源消耗是巨大的,为了更加低碳环保,区块链应该想办法减少能源的消耗。这对区块链是挑战,也是区块链未来发展应该努力的方向。

从各国政府对比特币的监管中能看到什么

比特币和区块链相伴而生，各国政府对比特币的监管可以说是小心谨慎。从各国政府对比特币的监管，我们能够得到一些关于区块链的启示。我们能够看到，区块链的未来有着光明的前途，但是在应用的过程中，一定要持有谨慎的态度。大胆设想，小心实践，这是对区块链应用的最佳态度。

比特币以去中心化的区块链技术为基础，它和其他的数字货币有很大区别，因此也一直受到人们的关注。比特币的流行也带来了不少问题，其中有些问题就是出在监管上。

比特币并不像真实的实体货币那样，可以轻易追根溯源。比特币如果在网络上使用，它可以不受国界的限制。因此，想要在一个具体的国家，找到一个具体的发行人，这是相当困难的。各国的政府想要对比特币进行监管，有很大的难度，这对相关部门来说，是相当大的一个挑战。

A国一家公司准备和B国一家公司做跨国生意，它需要将10万美元货款给B国公司。于是，A国公司需要进行跨国转账。B国公司在收到A国公司的货款之后，首先要做的就是把这些钱兑换成本国货币。这个过程显得有些麻烦，更重要的是，在这个过程中，需要花掉很多中间的手续费。无论是转账手续费还是兑换手续费，都将是一笔不小的开支。如果这个过程进行得不是特别顺利，可能还要在这件事上用掉很长的时间。而时间对于一个公司来说太宝贵了，浪费掉的时间对公司来说又是一大笔财富。

有了比特币之后，这一切就变得简单起来。A国公司只需要把货款换成等额的比特币，然后将比特币转到B国公司的账户上就可以了。然后B国公司将这些比特币卖出，便能够拿到那笔钱。

从上述的例子中，可以看到比特币所带来的一些便利。然而，这种更方便的转账方式对监管部门所提出的要求是很大的。监管部门只能对国内的交易平台实行监控，无法监控和管理国外的交易平台。这样一来，交易的过程就存在监管的漏洞。正因如此，比特币等虚拟货币更容易卷入洗钱和恐怖融资活动。

各国对比特币的监管可以说都费尽了脑筋，而且对比特币法律地位的判定，各国也有很大的差异。随着比特币的流行和发展，各国对比特币的态度也在不断发生变化。

欧盟没有在法律上明确表示比特币是合法货币，但从比特币税收方面，可以看出欧盟对比特币的态度接近于认为它是货币。欧盟在积极监管比特币，对比特币的监管提出了一些相关的提议，比如建立一个监控加密货币、打击洗钱和恐怖融资的特别小组等。

尼日利亚对比特币的监管态度不是特别明确，但没有规定比特币为非法。

加拿大将比特币认定为合法的资产，属于无形资产，并对比特币积极监管。

美国各州对比特币态度不尽相同，但总的来说是积极监管。

在墨西哥，比特币不被归类为"虚拟货币"而是被定义为"数字资产"，国家对比特币的使用进行积极监管。

玻利维亚、厄瓜多尔、吉尔吉斯斯坦等国家规定比特币为非法，禁止使用。

在中国，比特币已经存在了七年多的时间，已有很多的规定来加以限制，将风险防范工作做得非常细致。比如，不承认比特币的货币属性，以及不允许金融机构或者支付机构开展比特币相关业务等。

从各国政府对比特币的监管态度，我们可以看出，比特币确实给监管带来了很大的难题。区块链和比特币一起走来，从比特币的属性，就可以看到区块链属性的影子。对于区块链，其实也是同样的道理。区块链的去中心化结构虽然很先进，但同时也给监管和管理带来了麻烦，如果处理不好，有可能会出现问题。

我们对待区块链，应该像各国政府对待比特币的态度一样，积极去研究和开发，小心做好防范措施。这样，我们就能在利用区块链先进技术的同时，努力避免因它而产生麻烦。

中国对区块链的研究活动

全世界都在对区块链进行研究，中国对区块链的研究活动在其中所占的比重是很大的。根据业内人士的说法，中国对区块链技术的研究其实是持鼓励态度的，对于区块链的应用和发展，同样也是持鼓励态度。不过，尽管如此，区块链技术依旧是处在一个初期的发展阶段，想要在日常生活和商业中充分运用，还有较长的一段路需要走。

相关的数据显示，2017年，全世界的区块链企业专利排行榜上，有很多发明申请、外观设计专利等。其中，中国企业在区块链研究方面表现得非常出色。中国企业在排行榜的前100名当中，占了49名，数量最多，美国企业占了33名，位居第二。在前10名的榜单中，依旧是中国企业数量领先，为7家，美国企业为2家。

在排行榜的前100名当中，中国人民银行数字货币研究所排名第3，申请的区块链专利数量是33件。中国人民银行印制科学技术研究所排名第8，申请的专利数量是22件。中国人民银行下属企业中钞信用卡产业发展有限公司排名第18，申请的专利数量是13件。中国人民银行这一系的区块链专利总数为68件，而阿里巴巴集团申请的专利数量为43件。在区块链的研究方面，中国人民银行这一系可以说是领先国内，也领先世界的。

中国人民银行前行长周小川和现任中国人民银行行长易纲都对区块链的新技术比较关注，央行在很早的时候就已经开始重视区块链，并对区块链进行研究了。

从之前周小川在两会上的讲话，就知道央行一直在和业界一起对区块链等新兴的金融科技进行研究。通过周小川的介绍，我们知道，央行早在三年之前就已经开始对区块链相关的内容进行研讨，不但开研讨会，还成立研究所。

从央行在区块链技术方面的努力和对区块链相关技术的重视，能看出我们国家对区块链技术十分关注。并且，我们国家有信心也有实力在区块链技术上取得更多的成绩。

网金社首席技术官余林民在接受采访时说："我国政府现在非常支持区块链技术的研究，鼓励应用发展，并对一些基础技术研究和应用提供资金支持。"他还说："区块链技术要大规模发展，在底层技术上还要进一步发展，就像移动互联网一样，它就有IOS（苹果公司移动操作系统）和安卓两套强大的基础系统。虽然区块链的基础技术研究投入很多，但目前许多研发团队都是各自为战，还未有真正的龙头技术企业崛起。"

国家对区块链的研究和发展是持鼓励态度的，所以区块链相关技术和行业的发展就站在了风口上。我国不断有区块链公司出现，生命力就像春天的小草一样顽强。

与此同时，区块链的概念也变得火爆起来，不管是业内人士还是非业内人士，听到区块链这个词，都不会感到陌生。一些相关企业纷纷和区块链相结合，很多企业的相关业务还没有真正落地，股价就已经一阵疯涨。迅雷、美图、暴风集团等这些上市公司，就在区块链概念的火爆状态下受益很多。

人们对区块链的前景普遍非常看好，有不少人认为区块链会带来一场革命。这场革命就像当初互联网到来时的那场大潮一样，将会是一场顺之则昌、逆之则亡的巨大变革。人们认为未来已经到来，那就是区块链。在它还没有完全流行起来时赶紧拥抱它，否则一旦动作慢了，就可能被时代甩在身后，到时候再叹息就为时晚矣。

中国对区块链的研究，从国家到企业再到个人，积极性都是非常大的。一般人被火爆的区块链概念所吸引，觉得区块链带来的革命正在拉开序幕。专业人士则认为，区块链技术正处在一个萌芽状态，还是初级阶段，它的去中心化特色如果要运用到各行各业和生活中的方方面面，还需要一段比较长的时间。对区块链进行研究的专业人士正在努力让区块链在一些局部的领域真正打开突破口，然后再全面发展，这是区块链未来发展可能经历的历程。

现在看来，区块链应用相对来说最成熟的领域还是金融领域，尤其是数字货币方面。其他领域虽然能从区块链去中心化的特点中学到很多，但真正将区块链运用起来,还有待进一步研究和实践。有关人士认为,区块链可能在数字版权、保险、跨境支付、身份验证这些方面首先取得突破性进展。然后,区块链将有可能会融入我们生活的方方面面。

第二章

区块链
带来的观念革命

区块链带来了新的技术，也通过这些技术，给人们带来了观念的革命。人们会重新认识去中心化，充分理解去中心化和中心化的关系，明白其能带来的种种好处。不仅是商业和金融界，各行各业的人都将因为区块链而产生新的观念。

比特币和区块链让人们重新认识了去中心化

因为比特币和区块链，人们对去中心化也有了更多的了解。其实，去中心化并不是区块链所独有的，早在以前就有去中心化的概念了，只不过比特币和区块链的出现，让人们重新认识了去中心化这个概念。

实际上，互联网本身就是去中心化的一个很好的例子，互联网系统就是一个去中心化的系统。在互联网发展的早期，互联网和美国在线（AOL）等围墙花园式信息服务体系竞争，最终脱颖而出，受到越来越多人的喜爱。

电子邮件的系统，其实从本质上来看，也是一个去中心化的系统，因为它的文件传输协议就是去中心化的。去中心化的系统拥有自己的特性，所以电子邮件虽然屡屡受到一些中心化系统，如Facebook（社交网络服务网站）等的挑战，但它依旧屹立不倒。和那些中心化私有信息系统邮箱服务体系相比，电子邮件这种去中心化的系统依旧受到一部分人的喜爱。

实际上，短信和即时信息等通信方式，我们不能简单把它们归为去中心化或是中心化，因为这些通信方式往往是两种模式都有，是混合起来的。在当前的网络社交时代，意识到去中心化的好处之后，有不少人希望用去中心化的系统来代替Facebook之类的中心化系统。然而，中心化的系统依旧在这些领域具有统治地位，占大多数。

现在去中心化和中心化往往在各个领域都是共同存在的。其实，这两种系统早在数字时代还没到来时，就一直存在且相互竞争。我们可以从电影、电视、无线电以及电话的发展过程中，看到这个事实。我们相信，当去中心化的技术更加成熟时，去中心化会占据主要的地位。

当然，去中心化和中心化并不是对立起来的，两者往往会融合在一起。

比如电子邮件的系统虽然是去中心化的，但是它的协议SMTP（简单邮件传输协议）却是中心化的。只要技术没有问题，谁都可以自行设计出一个电子邮件的服务器，这是完全可以的。不过，在现实中，是电子邮件的服务商在这一领域起着主要的作用，其他的中心就算设计出来了，也不会有人去使用。

比特币的情况和电子邮件非常相似。比特币使用的区块链技术是去中心化的，但是比特币的很多相关内容的性质都是不确定的，相关软件可以是去中心化的，也可以是中心化的。

去中心化和中心化并不是完全对立的，区块链让人们重新认识了去中心化，在中心化仍然占主导地位的时候，了解到去中心化的好处。

去中心化在未来将有很大的发展和利用空间，而中心化也不需要立刻退出历史的舞台，在某些方面它也自有它的用武之地。根据实际情况，选择使用去中心化的系统或者中心化的系统，又或者两者结合起来，才是最科学和正确的选择。

区块链给商业和金融业带来的观念革命

区块链一出现,便赢得了商业和金融界的关注,还引发了十分广泛的讨论和研究。全世界都在区块链的应用方面进行抢滩式的研究和布局,谁都相信,区块链将会给商业和金融业带来一场观念上的革命。

很多金融行业的人在研究区块链时,会从三个方面入手。

首先,和区块链紧密相关的数字货币方面。这其中包括对数字货币进行研究,对数字货币和其他货币之间的关系进行研究,对数字货币的跨境支付进行研究。

其次,智能合约方面。智能合约在未来有很大的空间,很多领域都可能会用到智能合约,所以这方面的研究也是很有价值的。

再次,区块链在各领域的大规模应用。区块链将来一定会走入各行各业,走入生活中的方方面面,对它的应用进行研究,就是对区块链的未来进行研究。

区块链在最开始的时候，一直被人们当成比特币的一种支撑技术，是属于底层的一种技术。而且人们会发现这个区块链技术并不算特别好用，比如它的效率不是很高，也存在这样那样的缺陷。

然而，什么样的缺陷都不能阻挡区块链受到追捧，因为它给商业和金融业所带来的不仅仅是技术，更是一场观念的革命。区块链技术所带来的去中心化的图景，带来的分布式账本的记账方法，带来的全新信用体系，都是商业和金融业所需要的。这种观念上的革命，所产生的冲击，强过技术层面的内容。

商业和金融业对信用和信任的要求非常高，如果没有信任或者不讲信用，就无法经商也无法做金融。区块链让信任和信用变得更加简单，可以说是对其进行了重新定义一样。这让商业和金融业变得更加简单了，不需要在信用和信任方面耗费太多人力物力，可以把精力和成本解放出来，用到其他的方面，效率会得到大幅提升。

区块链的属性，让它注定不会仅仅局限于数字货币方面，它将来发展到一定的阶段，一定会从数字货币方面，延伸到数字经济，最终延伸到社会的各行各业和生活的方方面面。区块链的这种属性，在商业和金融业的观念上也带来了冲击，让商业和金融业与生活彻底连接了起来，再没有一丝的缝隙。

区块链的出现，引发了商业和金融界的思考。在新的技术带来的革命面前，就算是规模再大的企业也不敢掉以轻心，这种冲击也是对固有观念的冲击。所有人都被调动了起来，开始思考区块链来了，我们应该怎么去做？做些什么才能不落后？做些什么才能利用好区块链？所有人的观念都活动了起来，尝试着去做一些事情，而不是等待。区块链的出现，激活了商业和金融界的思想，让人们的思维都开始活跃起来。

在改变观念激活思维的同时，区块链在金融界的应用也纷纷出现，在世界各地都能看到。

Ripple是点对点金融交易当中所使用的一种互联网协议。不过，因为这个结算的系统是非常烦琐的，所以用起来比较麻烦，资金必须经过国际组织、中央银行、银行等很多的系统清算之后，才可以到账。但是区块链应用到这方面之后，就可以节省很多时间成本，直接完成点对点的支付，在区块链的系统之上直接就可以完成转账，效率提高了很多倍。

全球分布式账本Deloitte's Perma Rec，是利用区块链平台建立起来的。这个账本利用和各式财务报告系统连接的方法，将购销过程的透明度提高了很多。最终，它有可能会让审计数据达到全覆盖，使税务合规申报实现自动化。这样一来，无论是用户还是监管部门，都将变得更加轻松。

区块链给商业和金融业所带来的观念革新是巨大的，它也许会让一切商业和金融业活动都变得更加简单，是开启智能时代和高效率时代的其中一把强有力的钥匙。在未来，区块链将会带给人们更多的惊喜。对此，商业和金融领域的人都会拭目以待。

区块链对社会具有非凡的意义

区块链一出场就拥有强大的气场，很快就火遍了全世界。它的功能十分强大，只在数字货币方面应用的话，无法充分发挥它的功能。区块链对整个社会都有非凡的意义，将会改变世界，给人们的生活带来翻天覆地的变化。

刚开始的时候，区块链商业模式还不是很明朗，人们对区块链的认识还都没有达到一个社会化的高度。但是在2017年的年末，很多区块链的项目都融到了不少的资金。这就说明，区块链对金融投资行业的格局带来了一些转变，一个来自底层的冲击已经开始了。

很多行业其实都可以在底层通过区块链技术进行改造。被区块链改造之后，各个环节都可以变得更加透明，过程会变得更加精简，节省很多人力物力。

比如在文化产业方面。文化产业有大量的数字资产。文化产业的生产、传输以及消费，往往都是以数字资产的方式来进行的，在网上进行传输。如果在底层对文化产业使用区块链技术进行改造，那么知识产权的确权认证就会变得非常简单。还有就是，用区块链进行改造之后，它的整个流程、召集用户以及筹集资金这些问题，都会发生很大的改变。这对于现在的文化产业来说意义重大。

用区块链对文化产业的平台进行改造，就可以让传统的文化创造和区块链结合起来，然后整个流程变得更加简单。而区块链当然不只是在一个行业能起到作用，它在各行各业，在整个社会都能起到很大的作用。

区块链也可以让股权这种传统的内容，发生一些改变。简单来说，在资金的筹集方面，区块链有社区以及用户自发投资等方式，可以解决很多投资方面的问题，很多项目不用再为没有资金而发愁。其实关于筹资的问题，在区块链没有火爆之前，互联网已经让筹资有了更多的方式，比如互联网众筹等。现在区块链出现了，它将给筹资带来更多的方法。而互联网众筹其实还有些核心的问题有待解决，区块链能够将这些问题解决掉。有了区块链的参与之后，所有的筹资、股权的转移、交易等，都将有更多的信任。于是，在没有充分信任条件下，所产生的那些交易成本，有了区块链的参与之后就会变得很小，还有可能会变成零成本。与此同时，互联网众筹在有了区块链的参与后，也变得更为可行。

有一些行业，成本的回收过程比较漫长，要等到项目完全交付，很多的投资者可能等不及，而且交易成本也非常高。有了区块链之后，情况就会变得不同，投资者可以更快地获取回报，这样一来，投资者的投资激情将会变得更高。

区块链和互联网之间的关系也非常紧密，它们之间的关系可以说是继承的关系。区块链继承了互联网信息整合、传递以及数据处理的特性，并且进一步发展，在这些方面有了更好的表现。

互联网上的信息，很多都不一定真实，我们需要持怀疑的态度，去小心判断它是不是真的。互联网上的信息难以追根溯源、难以验证，这些信息的可信度不高。这就使得整个社会的运行成本变得非常高，这也是互联网的弊端之一。互联网存在着很大的提升空间，而区块链的出现填补了这个空间，而且填补得相当到位。区块链让信息的可信度大大提高，这对各个领域来说都是一件非常好的事情，大大减少了运行的成本。

现在有些区块链的应用还不是特别成熟，于是有人便认为区块链的应用技术并不靠谱，就像是空中楼阁一样虚无缥缈，充满了不确定性。的确，现在人们对区块链有着无限的遐想，可是区块链的应用完善的速度跟不上人们的想象，而且也不太可能跟得上，因为想象是没有限制的，而区块链的应用技术则需要一步一步发展起来。这并不能说区块链就不行，也不能说区块链是噱头大于真实。区块链技术有自身严密的逻辑，等它的技术发展到一定的阶段时，就有可能会突然爆发，一下子在应用领域遍地开花。现在只不过还没有达到那个点而已，但总有一天会达到，并且说不定会很快达到。

区块链的未来对整个社会具有非凡的意义，这一点是毋庸置疑的。区块链现在正在火爆的时候，资本的追逐让它显得特别喧嚣，它对社会的意义和价值也就蒙上了一层纱，不容易看清。等到浮华落去，区块链对社会的非凡意义就会更明显地显露出来了。

区块链带来了人类观念发展的一个新阶段

区块链让人们重新认识了去中心化，让信任变得更加简单，它带来了人类观念发展的一个新阶段。区块链让人们不再需要对信任付出高昂的代价，于是，全人类高效协作也就成了可能。

区块链一出现，就成了金融科技中最受期待的那个明星，被无数的人看好，还被人们当成今后金融界发展的重要基础，是支撑起金融的那个框架结构。区块链用它高度透明的状态、去中心化的分布模式、可信任的属性、安全的数据等一系列的特点，征服了人们的心。各行各业的精英都在想办法将区块链运用到自己的工作中，相关的专家都在研究区块链。区块链所带给我们的最有价值的内容，除了它本身可在各行各业应用之外，还有就是对人们思想观念的改变。

区块链除了让一些行业产生了改革，还给人们带来了新的观念——新型社会协同方式思维。有了这种思维观念，新的商业模式以及新的监管模式都会相继诞生。区块链所带来的信任和新的协同方式，对社会观念的影响会越来越大，然后会不断推动这个社会向更好的方向发展。实际上区块链的发展可以说是顺应了时代，也可以说是在人类对协同作用要求更高的需求下应运而生。

协同本来不是一个新兴的内容，它早就存在于人类社会了，从原始社会的人共同狩猎，一直到现在各种企业和团队合作共赢，协同合作一直都存在着。但是，区块链让人们对协同有了新的认识和更高的要求，使人们的观念发生了进化式的改变。

协同，其实就是让两个或两个以上的个体或者资源协调起来，保持协作，共同去完成一项任务。比如在古代，如果一个人种地，因为地太多种不过来，就可以请别人帮忙，并在粮食收获以后，给别人一些粮食作为报酬，这就是一种非常简单的协同方式，也是协同的基本模式。在这个协同的模式当中，人们可以共享他们的资源，然后就可以达成一些共识，并且初步解决了生产力的利用以及物资的分配问题。协同的方式促进了潜在利益的挖掘，让制度得到了完善，是对发展十分有利的一种模式。

在农业社会当中，协同模式有了初步的萌芽，到了工业社会之后，人们对协同的需求就更高了。每一个工厂都是一个结构严密的组织，有很好的协作安排，让每一个工人都能成为集体的一部分，为团队完成必要的工作。工厂也不必什么都做，可以只做一部分的工作，比如从其他工厂那里收购原材料，加工之后卖给另一个工厂。

协同在工业社会得到了很大的发展，而在现在这个信息化的社会，社会的发展对协同提出了更高的要求。区块链的出现，让更科学的协同工作成为可能，也改变了人们对协同的固有观念。人们发现，原来协同还可以达到这种前所未有的高度。

区块链对人们的信任观念也是一个巨大的冲击，带来了信任观念的巨大改变。信任对整个社会来说是非常重要的，如果人与人之间缺乏信任，将造成很严重的后果，社会因为信任而出现的内耗将会非常大。

有经济学家经过研究发现，当社会中的信任感非常强时，投资就会变得更多，交易费用则会变得更少。如果一个社会的信任度不高，人与人之间的信任度低于30%，那么这个社会就会更加贫穷。

有调查表明，有很多德国人对欧元产生了怀疑，这些人所占的比例非常大，甚至超过了70%，而且有差不多40%的人希望能够重新使用老货币。不过假如真的那样做的话，有可能会付出很昂贵的代价。在第一年，有可能人均损失6000~8000欧元，这是人均GDP的20%~25%。在今后的几年时间里，依旧会继续损失3500~4500欧元。其他一些国家，比如希腊等国如果退出欧元区，人们也会产生损失，在第一年人均损失大概在9500欧元~1.15万欧元之间，是人均GDP的40%~50%。在接下来的几年时间里，国际贸易体系和银行将会崩溃，很多公司会破产，主权国家债务违约等各种情况都会出现，人均损失大概在3000~4000欧元左右。

任何的信任问题，都会产生巨大的经济问题，信任和经济往往是密不可分的，在各行各业、方方面面都是如此。就拿食品行业来说，食品的安全问题一直都是消费者非常关心的问题。一旦消费者对食品安全的信任感降低，就会给整个行业带来巨大的影响。比如毒奶粉、地沟油等假冒伪劣产品的出现，会极大地打击人们的消费热情，给整个行业的发展带来极为恶劣的影响。

区块链让信任变得更加容易，它会改变人们对信任的固有观念，进而改变社会、改变世界。区块链会引发很多观念上的革命，带来人类观念发展的一个新阶段。

第三章

区块链
的基础技术

要真正明白什么是区块链,就要对区块链的基础技术有一个总体的了解。对区块链的结构、基础设施、应用技术等一系列的问题,都要清楚。知道了这些之后,就会对区块链形成一个整体的概念。

遮天巨网般的区块链结构

区块链是一个一个的节点连接起来的,这些节点组成了一个遮天巨网般的区块链结构。

区块链其实就像是一个神经系统一样,不过它非常大,就像是一张遮天巨网。神经系统的网络,它的每一个神经元都是独立的,可以独立进行决策,所有的神经元一起来完成思考、决定等事情。区块链也是如此,每一个节点都是相对独立的,但所有的节点联合起来工作,它们独立却不孤立。

其实网络P2P下载工具,就是一个神经网络结构,只不过比较简单。软件自己会做出判断,当用户选择下载时,它会根据上传和下载的速度以及链接数量等来选择下载的地址。

我们知道,地铁有早高峰和晚高峰,这是因为路线往往只有一条,人们不得不在那一条线路上去挤。这一点是肯定的,因为一座城市里,往往就只有几条地铁线会特别拥挤。区块链这种神经网络的结构就不同了，它更方便人们选择其他的线路，就相当于一个方向上有很多平行的地铁线路，人们可以随便选择。于是，当一条线路人多时，人们就可以选择其他线路。这样一来就不会那么拥挤，人们自己就可以找到更便捷的线路。

区块链的神经网络式结构，没有中心，也没有固定的线路。它给人们提供了无数种排列组合的选择，所以比中心化的结构更容易找到更优质的解决方法，省时省力。

区块链虽然是一个网状结构，但它也是有层级的。

数据层

区块链的数据层是区块链用物理形式进行描述的内容，区块链在创世区块开始的链式结构。这里面包含了很多内容，比如链式结构和区块数据，还有就是区块上的公私钥数据、时间戳、随机数等的内容。这对区块链来说其实是非常重要的，因为它是区块链技术中的基础，是一种支撑起所有数据的底层数据结构。

网络层

利用P2P的技术形成的分布式网络结构就是网络层。网络层有数据验证机制、P2P组网机制和数据传播机制等，所以它如果从本质上来分析，就是一个P2P的网络。它拥有自动组网的机制，节点之间之所以能够保持通信，是因为节点共同维护一个区块链结构。

共识层

共识机制加上共识算法等主要内容,构成了共识层。共识层对区块链来说属于核心技术中的一个,它可以让那些十分分散的节点在区块链的网络中对区块链数据的有效性达成共识,而且这个效率是非常高的。在去中心化的结构中做到这一点并不容易,它可以说是区块链社群的治理机制。共识机制的种类有很多,现在来说至少就有数十种,比如权益证明、工作量证明、重要性证明等。

激励层

分配制度和经济激励的发行制度等主要内容,构成了激励层。激励层主要是用来进行激励,让节点参与区块链里的安全验证工作时更加积极,还把经济因素等引入到区块链的技术体系里来。它对遵守规则和参与记账的节点进行奖励,对不遵守规则的节点则进行惩罚。

合约层

算法机制、各种脚本、智能合约以及代码等共同构成了合约层。正是因为有合约层的存在,区块链才变成了一个可编程的内容。有了合约层,就可以把代码嵌入到令牌或者区块链里面,于是智能合约的自定义就成为现实。当相应的约束条件达到了标准之后,不需要经过任何的第三方,就可以自动执行。因此,合约层可以说是区块链能够实现去信任化的一个重要基础。

应用层

各种各样的案例和应用场景都储存在区块链的应用层当中,应用层就像是计算机的操作系统里安装的各种应用程序一样,或者是智能手机里的各种应用程序。当区块链技术得到大量实际应用之后，就可以在现实的生活当中得到推广。未来区块链能够和人们生活的方方面面联系到一起，和应用层将有密不可分的关系。

区块链的基础设施

数据对于信息化社会来说非常重要,数据可以说是现代数字经济的基础设施,区块链让很多数据变得更加安全和可信,所以它就让新的社会服务以及商业形态的出现成为可能。

我们总是习惯于把一些硬件设备当成是基础设施,但是,实际上数据本身就可以说是一种非常重要的基础设施。区块链的基础设施,可以说就是数据本身。区块链让数据变得更加安全和可信了,它让数据拥有了成为基础设施的一切属性,包括总是可用、随时随地可以访问、安全可靠等。

正是因为区块链让数据变得更加可靠,所以它就让数据有了成为现代数字经济基础设施的可能,并且全新的社会服务、商业形态以及各种应用,都可能因此而诞生。于是,如果好好利用和发展这种技术,全球数据基础设施就有可能在它的基础上建立起来。

当一项技术十分独特并受到世人瞩目,那就说明它一定拥有自己独特的属性,所以才能在众多的技术中脱颖而出。区块链一下子在全世界火爆起来,受到万众瞩目,就是因为它的独特。区块链可以给人们带来不同的使用场景，并展现出它在各方面的技术魅力。

区块链有一个非常具有特色的特点，就是它可以让所有人写入数据，不需要一个特别权威的机构来写入。这种共享写入，对所有人都可以开放并且信任的模式，是相当先进同时也相当科学的。建立在区块链之上的数据库，就可以成为未来生活的一个基础，人们可以从区块链获取数据，还可以把数据写入到区块链当中，实现取用和写入这种一来一往的互动。

在区块链发展当中，会遇到一个难题，这个难题让很多人都感到困扰，这就是TPS的问题。很多人都意识到区块链的性能不是很好，为了让它的自身属性得以实现，就把效率牺牲了。要是打算在公链的基础上建立起为数众多的DAPP（分布式应用）生态系统，如果效率太低，就显得不太可能。

创造出一个世界通用的计算机，这是以太坊最初想要做的事情。以太坊其实是打算给去中心化提供一个基础的设施，可是直到现在，它似乎只是在众筹这方面做得还不错。因为扩展性、性能以及费用等众多问题，直到现在，DAPP的基础设施依旧只是奢望。在2017年年底，以太坊出现了拥堵的情况，这仅仅是因为一个非常简单的加密猫游戏而已。

EOS（商用分布式操作系统）在这方面突出了性能这个特点，把性能做得比较好，说是可以达到百万级TPS。而在未来，一个基础设施是十分重要的。要想创立一个DAPP生态系统，并让这个系统保持繁荣，就要有一个去中心化的基础设施，这样才能满足不同的场景和用户的需求。

HPB（芯链）和EOS的目标相似，也是要让去中心化的生态系统拥有更高的性能，弥补区块链在效率方面的不足。不过HPB和EOS所走的路不同，HPB使用的是软硬结合的方式，它拥有自己的专用芯片，所以在硬件服务器方面是没问题的。正因如此，HPB应该会拥有更高的性能。

HPB的体系构架很独特，它在软件体系架构之外，还有一个硬件体系架构，将软硬件架构结合起来，并将云计算和高性能计算的概念融合在了一起。它的硬件体系包含了很多内容，比如高性能计算硬件支持的云终端、高性能计算硬件组成的分布式核心节点、通用通信网络等。

HPB用软硬结合的方式来做共识算法，保证了在安全和隐私的状态下，让效率达到更快。区块链在有它作为基础设施的情况下，一定会变得更加方便实用。

区块链让数据本身成为一种基础设施，同时区块链在各种软硬件结合的基础设施发展的情况下，变得越来越强大。我们有理由相信，未来将是数据变成基础设施以及区块链影响时代发展的格局。

公有区块链和私有区块链

区块链有公有区块链和私有区块链之分,不同的区块链拥有着不同的功能和内涵。

公有区块链是所有的人都能够到系统里来获取里面的数据、将可确认的交易发送出去、竞争记账的区块链,全世界所有的人都可以使用它。公有区块链是去中心化的,而且这种去中心化是完全的,没有一个人或者组织机构可以控制它的数据读写,也没有一个人或者组织机构可以擅自修改它的数据内容。

私有区块链有一个组织或机构来控制它的写入权限,会限制参与到区块链中的节点,而且限制会很严格。正是因为私有区块链的参与节点有限制,所以私有区块链在隐私保护、交易成本、被恶意攻击的可能性、交易速度等方面有更好的表现,而且对身份认证有要求的金融领域,也能满足需求。私有区块链和中心化的结构相比,有很多优势,比如可以让组织机构当中单节点隐瞒或者篡改数据的情况难以出现,就算是有了错误,也能够知道来源在哪里。因此,很多规模比较大的金融机构,都比较希望使用私有区块链技术。

公有区块链和私有区块链有各自的优点。

公有区块链的优点

1.网络效应

公有区块链是完全开放的，向所有人开放，正因如此，它可供全世界的人使用，并且会产生一种网络效应。我们以域名托管为例，来说明一下。

假如甲想要将一个域名卖给乙，于是就要将风险的问题考虑进去。假如甲先把域名给了乙，而乙的钱还没给到甲手里；或者乙已经把钱给到了甲手里，但甲还没有把域名给乙。这两种情况都存在一定的风险，要达成交易，就要降低风险。因此，需要一个托管的中介，让这个中介作为中间人，不过那样就需要交纳一定百分点的手续费。但是假如在区块链上有一个域名系统，就能够通过智能合约，让交易费用消失。甲可以将域名出售给区块链系统，然后系统会将这个域名给最先付费的人。由于是公有区块链，所以信任的问题是不需要担心的。

有一点需要注意，为了让这个交易的过程更有效率，可以把不同行业的不同资产都放在一个公共的数据库里，这是私有区块链所不具备的一个优势。

2.让用户不受开发者的影响

在公有区块链中，没有人可以对用户进行干涉，就算是程序的开发者也不可以，正因如此，区块链就可以对使用其中程序的用户进行保护。实际上，程序的开发者放弃自己的权限，这一点是不太容易理解的。但是，从超前的经济分析来看，妥协有时候其实正是一种力量。

首先，当你决定了要做一些看起来非常难做，甚至是看似不可能完成的事情时，别人就更容易对你产生信任，还会愿意和你进行互动，因为他们觉得那些事情很难发生在他们自己的身上。其次，如果你被外界的因素胁迫，要求你去做某件事，你却没有权限去那样做，那么你就可以说服对方，让对方不再胁迫你。

私有区块链的优点

1. 隐私保护

因为是私有区块链，读取权限等都受到了一定的限制，因此私有区块链对隐私的保护效果会更好。

2. 验证者公开

验证者公开，所以就没有了超过51%就可能会被攻击的这种风险。

3. 交易成本更低

私有区块链的交易会更加简单，只要是几个受到信任的高算力的节点进行验证，就能够完成交易了，并不需要太多的节点确认，所以它的交易成本会大大降低。

4. 规则可修改

私有区块链的规则是可以修改的，拥有私有区块链的组织或机构可以对它进行修改，修改余额和还原交易都是可以的。

5. 节点连接

私有区块链的节点之间可以进行连接,如果出现了问题,在很短的时间里就可以人工进行修复。除此之外,还可以用共识算法减少区块时间,这就让交易的速度更快了。

物联网和区块链

物联网是新一代信息技术的重要组成部分,它实际上就是物物相连的互联网。物联网的含义主要有两个。首先,它是在互联网的基础上建立的,是在以互联网作为核心的前提下,向外扩展和延伸出来的网络。其次,物联网的用户端变得非常广,它在所有的物品之间都可以进行通信和信息交换,让物与物之间相连。

物联网的例子非常多,在各行各业都可以应用物联网。

比如按照客人的个人爱好,对室内的灯光和温度进行调节,让服务更加人性化;生产线通过物联网达到自动化处理,让工厂变得更令人省心;在医院里,物联网也可以得到应用,对病人的病情进行远程监控。

物联网可以更加节省人们的时间,还可以让资源的利用率得到提升,对人们的生活和工作都会带来很大的帮助。在信息技术高度发达的今天,信息设备的制造成本越来越低,价格也越来越低,几乎每个人都在频繁使用互联网，电脑、智能手机等各种智能设备也纷纷接入网络。接入互联网的设备数量以近乎疯狂的速度增加着。

IBM公司曾对接入互联网的设备数量进行过统计和预测。结果发现，在1950年，接入互联网的设备才仅仅只有5000台，而到了2009年，接入互联网的设备已经高达25亿台，2014年更是达到了100亿台。预计到2020年的时候，接入互联网的设备数量会超过250亿台，到2050年，会有1000亿台设备接入互联网。

在未来，会有更多的设备接入互联网，物联网会融入我们的生活和工作，成为我们离不开的一个网络。以中心化的数据中心来接收和传递信息，这是传统物联网的模式。不过，这种模式并不是特别好，它在效率以及生命周期成本等方面都存在着一些缺点。

传统的物联网需要依靠服务器或用户端模式，又或者是中心化的代理通信模式。在这样的模式之下，连接进来的设备都是依靠云服务器来验证连接的。也正因如此，这个云服务器必须具备非常强的储存能力和运行能力，才可以担当此任。要知道，就算是两个设备相距只有几米远，但是想要用互联网进行连接的话，还是要通过云服务器。这显然增加了信息传递的次数和路程，让事情变得更加复杂。

因此，尽管这种模式已经使用了很多年，也有众多的通用计算机连接到它上面，并且那些规模比较小的物联网也在使用，然而，它已经不能满足物联网生态系统的迅速增长所带来的更高需求。

现在，由于中心化云服务器、网络设备以及大型服务器的基础设施和维护成本都特别高，所以现有物联网的解决方案可以说是相当昂贵。如果将来物联网的设备数量继续增加，达到了数百亿的水平，那么通信信息也会变得更多，同时成本也就会更加高昂。

退一万步讲，就算这些经济消耗在将来人类高度发达的生产力面前不再是问题，可云服务器依旧会成为物联网发展当中的一个限制因素。一旦因为这个服务器而产生了瓶颈，或者是云服务器出现了问题，那么整个网络都会受到严重制约，甚至是被瞬间颠覆。如果将来人类越来越多地依赖物联网，甚至物联网关系到人们的生命安危，那后果是不堪想象的。

不过，我们不需要过分担心，因为现在我们有了区块链技术。区块链就像是物联网天生的好搭档，它的出现，解决了物联网面临的众多困难，让物联网变得更加安全可靠。

首先，区块链让物联网变得更加安全。我们都知道，随着移动互联网的高度发达，各种骗子、黑客等不法分子的作案手段越来越高端，一不小心，可能钱就被偷了，信息就被盗了。那些不法分子还会通过物联网中的一些薄弱环节，比如攻击家用设备来攻击家庭网络。对安全方面做得不到位的家庭来说，不法分子简直可以在这样的家庭网络上为所欲为。但和区块链结合起来之后，这种情况就不会轻易发生。因为区块链是去中心化的，它不会受到一个或几个节点的影响，即便有些节点被人攻破了，整个网络的数据依旧是安全的。

其次，区块链大大降低了物联网的运营成本。以中心化的网络为基础的物联网，信息传递的过程会产生巨大的运营成本。去中心化的区块链结构，可以在节点之间进行数据传输，并且利用起本来闲置的设备的计算力，让储存、计算以及信息传递的成本都大大降低。

物联网和区块链结合是一件好事，也将是未来发展的一个趋势。当物联网和区块链完全结合起来时，我们的生活将会变得更加美好。

第四章

区块链的未来：
去中心化

区块链是一种去中心化的结构，区块链因为去中心化而代表一种新的技术和组织形式，区块链的未来也将会是去中心化的。去中心化是区块链的未来，也是整个世界的未来。它是时代发展的一种趋势，也是一种潮流。

区块链是去中心化的理想工具

区块链从诞生的时候开始,人们就已经知道,去中心化是它的一个非常显著的特征。去中心化的含义具体来说是什么?以太坊的创始人在他发表的文章里表述了去中心化的具体意思。以他的观点来看,去中心化和中心化的区别可以从三个方面来看,就是架构、治理和逻辑。

架构主要是看系统在可以正常运行的情况下,最多可以允许多少个节点出现崩溃的情况。治理则是看如果想要控制这个系统,需要多少组织或者个人。逻辑主要是看系统所呈现出来的数据和接口,其单一性和整体性如何。

区块链是一个账本,而且是全网统一的账本,这个属性看起来和中心化的属性差不多。但是区块链的架构是去中心化的,因为区块链是在对等网络上建立起来的。区块链的治理同样也是去中心化的,要想控制整个系统,必须有足够多的人才行,少数人想要控制系统,是不可能的。正因为构架和治理都是去中心化的,因此区块链的抗攻击能力、防合谋能力以及容错性都非常高。

区块链可以说是去中心化的理想工具，它和传统的分布式系统存在一些区别，主要可以概括为以下几点。

一致性算法的区别

区块链是要将一个问题解决，也就是如果网络里有一个或者多个欺诈节点，就可能故意传输错误的数据或者故意做违反协议的事情，区块链要避免这种情况发生。这个问题，就是拜占廷将军问题，因此区块链使用的是拜占廷容错的一致性算法，也就是共识算法。PoS（权益证明）、PoW（工作量证明）等都属于这种算法。这和传统的分布式系统所使用的算法是完全不同的，传统分布式系统所使用的算法并不能对欺诈节点进行抵御。

没有中央控制方

在传统的分布式系统当中，存在一个机构来进行控制，也就是中央控制方。这个中央控制方可以统一对参与运算的各个节点进行调度。但正因如此，整个系统就存在着被别人控制的风险。区块链是去中心化的，没有这个中央控制方，任何节点都无法对数据的生成进行控制和协调，必须要各个节点共同进行协调。这样一来，账本就会变得非常安全。

规则制定不同

共识机制通常是团队或者个人设计制定出来的，还有相关的程序，可以供社区使用。区块链和传统的分布式系统在这一点上看起来是一样的。共识协议是区块链的规则，也叫共识机制，其中包括了共识算法。然而区块链的共识机制是进行了变化的，它的升级或者改变，都需要达成一个共识。如果共识不能达成，那么就会产生一个硬分叉，形成另外的一条链、一个社区。于是，共识机制就这样成了一个去中心化的机制。

计算模式不同

传统的分布式系统在做运算时，只需要在数量比较少的几个节点上进行就可以了，计算的结果并不需要其他节点进行验证。正因如此，它的效率也非常高，但会有中心化的各种弊端。区块链不同，区块链的任何节点之间都是不必信任的，它通过智能合约来完成业务计算，这个智能合约的代码是在所有的节点上共同运行的。于是，在网络的帮助下，这些节点一起来运行并在全网验证，无论是计算还是结果，在全网都是一致的。这种计算模式的速度比不上传统分布式系统，但是它更加安全可靠，这就是去中心化带来的好处。

性能不同

区块链是去中心化的，它的性能不是特别好，效率相对来说要低很多。正是这种牺牲效率的做法，让区块链变得更加公平、公正和可靠。很多主流的公有区块链，处理交易的速度只有一秒钟几笔或者几十笔。这和传统的分布式系统相比，性能实在是太差了。要知道，传统分布式系统的计算速度可以达到一秒钟10万笔交易。不过去中心化的区块链更加安全可靠、更加可信，这一点是中心化的传统分布式系统所无法做到的。在将来，一旦区块链的技术得到提升，加快速度，区块链的优势就会比现在更为明显了。

总之，无论从哪个方面来说，区块链都是去中心化的理想工具。它通过去中心化的系统，让不可信任的网络环境变得更为可信，这一点是革命性的，是有无法想象的巨大价值的。在未来，它将会拥有十分广阔的发展空间。

去中心化需要有一个模板

区块链是去中心化的，但是如何利用区块链，来让各个行业和领域都能做到去中心化，这是一个问题。如果有一个相应的模板，能够让相应的行业以此为参考，这件事可能就会容易得多了。

去中心化应该怎样进行，这需要将一些问题考虑清楚，比如是哪个领域要去中心化，使用什么区块链更好，在去中心化之后它的安全性等各方面属性有什么变化，情况是否变得比之前更好了等。

不过首先我们需要考虑的，还是如何实现去中心化。在这里提供两种去中心化的模板。

去中心化可以通过竞争的方式来实现

如果进行一次汽车交易，结果买卖双方对这次交易感到不满意。可能买家觉得这辆汽车不好，不符合自己预期的标准，于是就想要退货。这种情况就比较麻烦。假如除了买卖双方之外，还有一个第三方存在，这个第三方可以是调停者或者是法官，那么这个交易就可以进行托管。于是，买家不需要把钱直接给到卖家手里，可以把钱放到一个第三方和买卖双方三选二来控制的一个地方。第三方在买卖双方其中一方的合作下，能够批准支付以及退款的行为，不过不可以把这些钱拿走。

上述的第三方作为一个中介介入，是解决问题的好方法，也是人们经常使用的方法。不过，其中有许多的细节问题得处理好。因为中介的介入，汽车交易的那种整体性就会消失，过程显得非常烦琐。还有就是，如果钱被退了回来，汽车的所有权是不是可以迅速恢复之前的状态，这个问题得考虑清楚。

在现实生活中，如果有争议出现，需要第三方介入进行调停，这个第三方往往是司法体系，是由国家来控制的一个中心化系统。在区块链的帮助下，这种第三方可能变成一个私人的组织。通过竞争的方式，就可以实现去中心化。

各种私人的中介相互竞争，由人们根据效率、公平性、成本等进行选择。通过竞争，就可以摆脱中心化，减少资源和成本的浪费，让争议的解决更加方便快捷。

通过竞争的方式来去中心化，没有让中介消失，而是让一个固定不变的中介，变成了可以选择的中介。人们有了更多的选择空间，也就能更好地解决问题。不过还有几个问题需要注意。一个是如何激励这些中介，使这些中介保持公平公正。如果激励措施不够，中介就更有可能被买家或卖家的其中一方收买。另一个是如果最终调解失败，由于买卖双方可能是匿名的，这就会比较麻烦。还有法庭可能并不完全认可数字合约，这也为解决问题带来很大的麻烦。

不过，用竞争来去中心化，是介于有一个固定的中介和完全去中介之间的，它还有很多的可能。如果对这种方式好好挖掘，也许会找出很好的解决方法，让这个方式变得更加科学。

去中心化可以通过去中介来实现

通过竞争去中心化，还是存在中介，只不过中介成了可选择的部分，人们可以自由选择中介，这就和中心化有了非常大的区别。但是，如果想要让去中心化的效果达到更好，我们可以通过去中介来实现。

关于汽车的产权问题，在美国，谁拥有汽车的产权证书，谁就拥有汽车的产权。这种确认产权的方式，就是中心化的方式。因为产权证书的识别和使用，都需要在相关的机动车管理部门进行，这就是一个中心化的机构。

当汽车出售给别人，卖家会把产权证书交给买家，可是这样做还不行。必须要在DMV（车辆管理局）做注册，让DMV的数据库对这些内容进行更新，这样才可以完成产权的转移手续。其实，这是很麻烦的。

如果利用区块链来进行去中心化，将机动车管理部门这个中心化的中介去掉，那么就可以实现去中心化了。因为在区块链上进行的一切活动，都是有记录的，于是产权的转移就变得非常简单，不需要有任何中介介入，只要买家和卖家做出了转移的行为就完成了，简单方便。而其不可篡改性和可追溯性则保证了交易的安全。

寻找去中心化的时机

去中心化不是在任何时候都能够进行的,因为我们不能保证所有的去中心化一定能带来好处。我们需要弄清楚去中心化会带来什么样的影响。能产生好的结果,就去中心化,不能产生好的结果,就先等一等。

很多时候,人们在谈到去中心化时,首先想到的是技术方面的问题,但是就算技术方面的问题全都解决了,也不能说去中心化的时机就到了。我们判断做一件事的时机是否成熟,不是看我们有没有做事的能力,而是看现在做这件事能不能带来好的结果,会不会有风险等。其中,风险是需要重点去考虑的,因为它意味着可能出现一个坏的结果。

去中心化的时机是否已经到来,评估它的风险性,显得非常重要。

去中心化的安全性

去中心化能否保证安全,这一点是在决定去中心化之前,首先需要考虑的问题。在现实生活中,盗窃的问题是每个人都关心的,而去中心化能否避免盗窃的问题出现,就是检验去中心化安全性的关键。

现实生活中,我们给我们的车加上一把锁,就能防止我们的车被小偷偷走。但是如果小偷把锁撬开了，他依然可以把车偷走。但是小偷可能没有那么做，是因为在一个安保工作做得非常好的社会环境当中，即便小偷把车偷走了，他也很有可能被警察抓到。于是，车锁这个预防措施，以及警察这个在失窃之后可以追回失窃物品的组织，共同保护了我们的财产安全。

预防措施和挽回损失的方法，都是安全的要素，共同创造出一个安全的环境。去中心化的区块链系统，在预防措施上可以做得很好，但是在挽回损失这一点上，就不行了。

区块链可以防止数据的篡改，但是如果参与篡改数据的节点超过了51%，将会产生可怕的后果。尽管这很难，但是一旦真的出现这样的情况，该怎么办，我们不知道。因为无法纠正错误，这就产生了巨大的潜在风险。

用区块链可以进行一定的设置，但是对于出现的问题，很难解决。比如可以设置一个与众筹相关的内容，当众筹的资金达到一定数额的时候，这笔钱才可以取出来。这样可以防止有人从众筹的资金里偷钱。但是，当资金的数额到达设置的值时，如果众筹的人把钱取出来，然后携款而逃，那么，这样的情况如何解决，这也是个问题。

去中心化在防御方面非常出色，但是在纠正错误和挽回损失这一点上并不优秀。因此，去中心化的安全性依旧是令人担忧的。如果不能想办法解决这些问题，去中心化的时机就还不成熟。

去中心化是否得到认可

去中心化意味着更加自由,但是这同时也可能意味着会带来一些混乱。去中心化的时机是否已经成熟,还要看它是否得到了认可。比如有些国家为了维护经济和市场的稳定,对区块链和比特币进行了很多的限制。对于去中心化,各国的政府可能也有一些独特的管控措施。

去中心化让个体的作用和职能变得更大,于是市场就会变得更加松散,不便于政府的管控。如果政府为了维护国家的稳定而不支持这种去中心化,而且没有相关的法律去保护去中心化过程中的各种权益,遇到纠纷的时候,也就不能获得法律的保护。这样一来,去中心化就会出现各种各样的问题,并且这些问题还难以解决。这也给去中心化的安全性带来了更多的挑战,使得去中心化在纠正错误和挽回损失方面变得更加困难。

现实和理想总是会有一些矛盾,理想中的去中心化能给人们带来巨大的方便,让办事的效率变得更高,人们的生活变得更加快捷和简单。然而,在现实中,因为去中心化的技术和应用等各方面都还不是很成熟,所以会带来不稳定的问题。政府要维护的是市场的稳定,所以对去中心化的态度通常都是比较保守的。

去中心化想要得到各国政府的充分认可,还有很长的路要走。而去中心化是否得到了政府的认可,也是去中心化时机成熟与否的一个关键标志。

去中心化的下一代数据库

在互联网时代刚刚到来时，人们所使用的数据库以关系型数据库为主。这种数据库，主要组织数据的方法就是关系模型。关系模型实际上便是一个二维表格模型，二维表格和它之间的联系会产生一个数据组织，这个数据组织就是关系型数据库。

早在1970年时，一位IBM公司的研究员就认为，在接下来的几十年当中，关系模型的这一概念会得到极大程度的发展，并最终成为构成数据库结构的一个最主要的模型。这个预言实现了，不过随着互联网技术的发展，这种关系数据库在面对超大规模和高并发的SNS（社交网络服务）型web2.0（第二代互联网）纯动态网站时，已经显得捉襟见肘，有很多问题都在这时候显露了出来，而且这些问题难以得到解决。这时，非关系型数据库NoSQL开始快速发展起来，它自身的特点使它可以应对这些挑战。NoSQL可以说就是为了解决大规模数据集合多重数据种类等问题而诞生的，可以将大数据的很多应用问题解决掉。

谷歌公司曾以三篇非常著名的论文，将谷歌大数据的基础确立了起来。当时它所应用的可以说是世界上最为先进的数据搜索算法，即PageRank算法。

PageRank会根据网络上成千上万的超链接来对页面的等级进行确定。一个页面对另一个页面的链接，谷歌将其看成一个页面对另一个页面的投票。根据投票的来源以及投票目标的等级，谷歌会定出一个新的等级来。也就是说，如果一个页面的等级非常高，那么它就拥有了能让其他低等级页面升级的能力。这个几乎可以说是数据的第二个阶段，它让本来看起来杂乱不堪、毫无章法的各种数据，成为一个体系。这就使得数据的质量得到了提高，同时也为复杂的网络模型和大数据的出现奠定了基础。这一切，都是在复杂的设计网络和算法进行重新归纳和整理的情况下实现的。

PageRank算法让大数据的出现成为可能，但是大数据的一个重要问题并没有得到解决，那就是它的可信任性。互联网技术高度发达，但是互联网的信任问题一直以来都是人们所担心的。也正因为有信任问题的存在，互联网虽然已经飞速发展，但受到的制约依旧非常大。正因为信任问题的存在，所以尽管每个人都在使用互联网，但每个人依旧对互联网怀有很大的戒心和不信任感。这一切，随着去中心化数据库的出现，有可能会得到解决。

主流的数据库都是处在中心化的模式之下的，在这样的模式下，无法解决信任的问题，也无法让价值实现转移。区块链技术让下一代的数据库可以实现去中心化，于是大数据就可以将信任的问题解决掉。而这，将给大数据插上一双翅膀，使它如虎添翼。

当网络上的所有的节点都参与记账，中心化的记账方式存在的那些不被信任的因素就消失了。人们在去中心化的数据库中，可以共同判别数据的真伪，让虚假的数据无法构成威胁。

区块链和大数据结合起来，将会给人们带来巨大的方便。大数据拥有众多的数据信息，可以进行预测分析，而区块链的智能合约，又可以对这些数据的执行进行把控。于是，自动执行任务就变得非常简单。这样一来，人们的精力就不必过多花费在这件事上，生产力要素和成本都会得到极大的节约。

区块链是去中心化的，但是它也是储存数据的一种技术，它只不过和中心化的数据储存技术不同罢了。所以，区块链本身就是数据库，而它的去中心化又能够充分解决信任的问题，让网络上的数据变得更加可信。现在对于大数据的利用，还只是在一个初级的阶段。一旦因为区块链而让数据库实现了去中心化，大数据将会和我们的生活结合得更加完美。到那个时候，大数据的力量将会完全释放出来。

下一代的数据库，将是去中心化的数据库。区块链让数据库实现了去中心化，也就让数据库变得可信了。借着这份信任，数据将拥有更强的改变世界的力量。

去中心化有光明的未来

中心化的状态在世界上存在已久,从古到今,中心化都是最主要的一种形态,几乎所有已经出现过的社会制度都是中心化的。

不过,人类从奴隶社会发展到封建社会,再发展到现在的资本主义社会和社会主义社会,中心化程度是不断降低的。人类社会的发展就是由中心化向去中心化发展的一个过程。

随着科技越来越发达,机器越来越先进,甚至人工智能也逐渐出现。这样一来,一个人所能做的事情,比以前多得多也大得多。以前种地,需要很多人一起劳动。现在只要机器开进去就可以了,人不需要做太多的事。很多国家都有大型的农场,机器能够在其中发挥出更大的作用。

当一个人可以做的事情越来越多,每个人所支配的能量越来越大,能够行使的权力也就越来越大。于是,中心化存在的必要性也就越来越低。人们不必经由各种组合,自己就能独立完成很多事情,而且效率更快,还不用担心因为和别人交流不畅而出现内耗。人们对中心化的机构的需求越来越少,这是与其自身能力的不断发展相一致的一个过程。

中心化的结构就像是金字塔，而去中心化的结构则相当于扁平化的结构，它的效率更高，资源消耗更少。现在很多企业都在追求扁平化，减少中间层，其实这也是去中心化的一种表现形式。没有了传统意义上的那个中心，企业就会变得更加轻盈，在科学的管理方面更进一步。

这几年，区块链技术得到了很大的发展，智能合约的出现，让去中心化的自治组织得以产生，让机器可以代替人类做更多的事情。现在人们对去中心化的自治组织的定义并不是特别严格，一般是说一个去中心化组织通过计算机程序对所有业务规则进行描述，并实现这些规则。它并不需要人来进行操作，自己就可以完成这些运作。

去中心化的组织一开始出现在美国作家的书里。书里对蜘蛛和海星进行了分析，认为蜘蛛属于中心化组织的例子，而海星则属于去中心化的例子。

书中认为，如果我们将一只蜘蛛的头拿掉，那么这只蜘蛛就无法继续存活，所以它就是一个中心化的组织，缺少了头就不行了，头就是它的中心。海星则不一样，我们将海星的一只触手拿下来，海星不会死，而且这只拿下来的触手还可以变成一个新的海星。因此，海星就是一个去中心化的组织，它是由没有中心的一堆细胞构成的。因为海星的去中心化的组织，所以海星的生命力非常强，而蜘蛛这种中心化的组织，生命力就比较弱了。因此，去中心化的组织是比中心化的组织更强大的一种组织。

去中心化的自治组织是在区块链的网络上运行的，体现组织规律的是智能合约。因为它建立在区块链的技术基础之上,所以它的去中心化特性是能够得到保证的,而利用机器来执行智能合约,就保证了它的客观公正以及高度自治。

去中心化的自治组织是前所未有的一种组织形式,成员如果不愿意透露自己的身份,可以匿名加入其中,没有国界的限制。这种设定,几乎是把地球当成了"地球村"。

去中心化现在并没有被所有的人认可,但是随着技术和社会的发现,去中心化将有着光明的未来。

第五章

区块链
和每个人的生活息息相关

　　区块链并非只能在金融方面应用,也并非只能用在工作上,它和我们每个人的生活都息息相关。区块链会让我们生活中的很多事情都变得更加简单,将会改变我们的生活状态,让我们的生活越来越方便快捷。

区块链让房产确权问题变得简单

房产确权一直以来都是很麻烦的问题，人们在房产确权这方面出现纠纷非常频繁。

小宋打算把自己的房子卖掉，已经找到了想买房子的人，可是在这时，突然发现房产证丢失了。没有了房产证，就没办法完成房产的转移。买房子的人希望能够快点买到房子，如果小宋不能尽快解决这个问题，买房子的人就不买他的房子，转而去买其他的房子了。

小宋打算赶紧补办一个房产证，觉得这样或许还来得及留住买家。但是，很快小宋就发现，补办一个房产证的流程太长了，这件事比他想象的要复杂得多。他需要先去不动产登记机构提交书面的申请，说明自己的房产证是怎么丢失的，并注明房子面积、户型结构、所有权的来源和现状，还要将自己的姓名、工作情况等各种内容说清楚。不仅如此，他还要提供户口本、身份证等各种证件。

只是提交一个补办房产证的申请，就已经让小宋感到焦头烂额了。而接下来，他还需要就自己丢失了房产证的事情进行登报声明。登报声明之后，需要等一个月的时间，如果在这段时间里没有人提出异议，才可以进行下一步的流程。

等到一个月过去，小宋终于可以向测绘所申请勘测。测绘组对小宋的房子进行了勘测和绘图。然后，档案管理部门负责将这些内容造册。等所有的资料送到不动产登记中心，还要等着初审、复审、审批，最后才可以拿到新的房产证。

小宋忙得晕头转向，好不容易拿到了新的房产证，可是时间早已经过去了很久。那个原本想要买小宋房子的人，早就因为等得不耐烦转而买了其他的房子了。

从小宋的例子就可以看出，房产确权的问题真的会让很多人感到焦头烂额。

传统认证系统的缺点有很多。首先是速度太慢，也不能迅速查找相关的数据，更不要说上传和下载数据了。很多时候，都是靠手工来完成记录的，这就导致记录数据的更新、验证以及保护都变得特别难。虽然有一部分流程已经有计算机的参与，但这反而使得记录更容易被人篡改，安全性变得更低了。

其次，传统的认证系统成本很高，往往需要多家机构进行反复确认。这所花费的时间成本与各种人力和资源成本，都是非常高的。正因如此，人们才会感到办事特别困难。

再次，传统认证系统的信息储存比较复杂。相关资料一般都是物理存放的，这样不但加重了管理的负担，而且不安全。如果资料发生了损毁，想要恢复会十分困难。

最后，信任感不足。因为信任感不足，所以大部分的时间都用在了记录核查以及审计等方面，造成了时间和资源的浪费，也使得效率更低。

区块链的出现，可以改变房产确权问题的现状，让房产确权问题变得简单起来。

首先，区块链是不可以复制的，它的每一个区块都拥有不同的密码，所以它非常安全。

其次，区块链的去中心化特点，使得不再需要中心机构来进行认证，这就让认证过程变得更加简单。

再次，区块链拥有不可篡改的属性，也就是说，一旦完成认证，就可以立即生效，效力方面是有保障的。

最后，区块链的公开透明，让认证的过程和结果都无法造假，于是保证了公平公正。

前面的房产确权问题，如果在未来有了相关法律法规的支持，可以用区块链来解决，就会变得非常简单了。为了防止房产证丢失带来麻烦，小宋可以事先写一个房产证明出来，然后将这个证明做成PDF格式的文件，并将它放到区块链上。于是，一段"符号加数字"的内容就产生了，这就相当于是一把私钥。一旦有房子产权无法确认的问题发生，比如房产证丢失等，小宋不需要着急办理新房产证，也能证明自己是房产的所有者。到时候，只要小宋拿着这个"符号加数字"的私钥，区块链系统就可以将私钥识别出来。如果这个私钥和小宋当年所设置的一样，就可以证明小宋是房产的所有者。这个过程非常简单，不需要等相关机构来认证，自己就可以完成了。于是，就不用担心在转卖房产时遇到麻烦。当然，这一切都必须建立在未来相关法律支持的前提之下。

区块链的信息是公开的，可以复制却不可以更改，这就让它能够在公证中发挥出巨大的作用。当区块链的技术应用到房产确权的问题当中，它将比现有的任何传统认证都更加简单和安全。区块链能够在财产公证以及法律公证等方面发挥出它的作用，体现出它的价值。对于一些难以认证的事情，区块链可以让那些难题迎刃而解。

更低的成本、更高的效率、更简单的操作，这就是区块链给房产确权所带来的好处。相信当区块链和房产确权问题结合起来之后，人们就能在这方面减少很多麻烦。

区块链改变股权交易现状

现在炒股的人非常多，简直可以说当下是一个全民炒股的时代。有统计数据显示，现在我国的股票投资者数量已经超过了1亿人。

人们关注股票买卖时的差价，不过却很少去在意交易完成时的交易费用。实际上，目前的股票交易费用，说多不多，但说少也不算少。这些费用是对股票交易收益的一种削弱，也是一些人想要避免的。

假如原本股票买卖时的差价就不是很大，赚到的钱也不多，结果还要让各种机构拿走一些交易费，这就让炒股的人感到非常不开心。

不仅交易时的手续费让人很不愿意掏腰包，股票交易时的清算速度，也是令人感到无奈的。比如今天你把股票卖了出去，原本钱应该是到了你的手里，可是想要从账户中把这些钱取出来却不行，往往要等到第二天甚至是第三天的时候，才能够把这些钱取出来。如果正赶上急着用钱，那就会让人急得团团转。

按理说，在这个信息化的时代，连余额宝里的钱都能够迅速提取到银行卡里，为什么卖股票的钱就不能立即拿出来呢？当股票遇到了区块链技术和智能合约，股权交易中的很多问题就都可以得到解决了。股权交易就会变得更加方便快捷，显得更为现代化。

美国纳斯达克交易所对区块链技术非常看好，而且做法也特别大胆。纳斯达克交易所建立起区块链的平台Linq，用这个平台来对股权交易进行管理。它所使用的，是区块链科技巨头Chain的技术。

中国的一些地区性交易所，也在积极和相关的区块链技术公司进行合作。通过这些合作，交易所的清算效率将有可能提高很多。

澳大利亚股票交易所ASX建立了一个区块链清算体系，将现有的体系CHESS替换掉。这个新的体系是DAH（数字资产控股公司）帮助它建立起来的。

区块链在股权交易中能起到非常强大的作用。在区块链技术的帮助下，绕过第三方不再是难事。股权交易能够进入自动结算的状态，这样节省了人力，也让交易速度变得非常快，成本降得非常低。与此同时，人为的错误和其他的风险也能够得到避免。

从现在区块链和股权交易的结合情况来看，区块链主要是用在股权交易管理、交易之后的清算服务和场外交易市场这些方面，场内的主流交易市场对区块链的使用比较少。出现这种情况，是因为在交易速度方面的限制。区块链技术在确认方面需要的时间比较长，另外它还需要很大的储存空间，这些都不利于中心化的场内交易。

区块链对证券登记的帮助非常大，因为区块链具有非常好的特性，它的不可更改以及保密性，都能起到很好的作用，让登记的时间变得更短。

对于交易所来讲，区块链可以说有好处也有坏处。好处是区块链可以降低风险以及运营成本，坏处是使用了区块链技术之后，交易所在清算方面所得到的收入就减少了。因此，想要依靠区块链来增加收益，交易所得等到区块链有新的数据服务推出才行。

尽管交易所目前可能因为区块链而减少收益，但是区块链对股权交易的好处却非常多，从长远的利益来看，区块链带来的好处绝对是巨大的。现在的股权交易，尽管资金到了账户里，但是却要接近三天的时间才能提款。A股市场的交易交收周期是T（T日，即交易日）+1，而国际上是T+3。区块链的技术运用到股权交易中，就可以通过它的自动化清算的流程，让实时到账成为可能。区块链通过智能合约，对由托管银行提供的信息进行验证，就可以降低风险，把出现错误的概率降到最低。有了区块链之后，不再需要第三方来确保证券保存的安全，这样就可以减少很多成本。

总之，区块链会改变股权交易的现状，给股权交易带来非常多的好处。在将来，区块链将会在股权交易方面大显身手，给所有投资股票的人带来更多方便。

区块链让电子商务更加便捷

电子商务发展到现在,已经不是一开始那种不被人们看好的状态了,已经表现得相当稳健。不过,现在电子商务在一定程度上还是要受到支付平台的限制。当区块链和电子商务结合起来之后,就能让电子商务得到进一步的发展。

在电子商务行业当中,存在一些一家独大的现象,而当区块链进入这一行业,对那些小公司来说,将会带来很多的好处,将垄断的局面打破。区块链给电子商务带来的好处,还在于它可以让在线支付的整个过程变得更加快速和安全。阿里巴巴公司在区块链方面早就已经开始了研究,很多电子商务公司也对区块链有着极大的热情。

相关的预测表明,全世界的电子商务经过蓬勃发展,到2020年时,市值大概会增加到4.058万亿美元。这么大的市值,需要区块链来帮助电商继续发展下去。尤其是对以太坊市场来说,区块链就显得尤为重要。在线购买商品或者服务的人,到2020年,会比现在多得多,有可能会达到20多亿。

区块链能给电子商务带来很多的好处，让电子商务更加快捷，为更多的人提供更好的服务。区块链的去中心化特点，还可以对那些电子商务公司的信用和声誉的提高，起到很好的作用。这些内容，在以前都是市场说了算的。

有些电商行业中的商家，不是中心化市场，但还是要花很多精力和资金来做广告，以赢得消费者的信任。当区块链应用到电子商务中之后，这就成为没有必要的行为了。因为区块链本来就是分布式账本，它的任何一次交易，都是明明白白的，能够确保信息的真实性。于是，商家就可以减少广告的费用，还能更好地赢得消费者的信任。

PayPal（在线支付服务商）在支付方面一直都有很大的优势，它的接受度很高，而且平台覆盖面非常广。然而，有一些国家还是对它不信任，不使用它的服务，比如尼日利亚。尼日利亚是非洲最大的经济体之一，但是这个国家的人却不能使用PayPal的服务。

后来，在尼日利亚可以使用PayPal的服务了，但是却没有收款的服务，只能让用户使用它来付款。这就给人们的使用带来了麻烦，人们需要更方便的在线收付款方式。因为是中心化的，PayPal也在土耳其停止了运营。

从上述例子就能看出，中心化在电子商务方面是有很多弊端的，也不被一些国家所接受。当区块链和电子商务结合起来之后，就能够让电子商务成为去中心化的服务，这样一来，它就更加值得信任，也会被更多国家所接受了。

除了信任的问题之外，电商行业还有一个很大的问题需要解决，那就是支付的过程漫长而且昂贵。Monetha公司（区块链初创公司）表示，他们的支付过程，通常需要16个步骤，才可以完成交易，而且向支付网关支付的费用也非常多，最多可以达到15项。交易的手续费通常在交易的2%加0.1至交易的6%加0.7之间。区块链可以将交易的过程缩短，并让交易的费用变得更少。

Monetha公司的一位联合创始人认为，电子商务如果想要在未来跟上时代发展的步伐，就一定要用到区块链的技术。有了区块链以后，电子商务就可以变得更值得信赖，同时效率也会更高。使用区块链来进行付款，就能让交易的费用更少、速度更快。此外使用智能合约能给电子商务以及支付带来各种好处。Monetha公司就存在一个非常好的证明，那就是去中心化信用和声誉系统。如果不是有了区块链，这个系统就不可能给电子商务带来那么大的好处。

区块链对电子商务所带来的帮助非常多，在今后的发展过程中，电子商务将会因为区块链而得到更大的发展，给人们的生活带来更多的方便。很多公司都在区块链方面投入了不少资金和人力。阿里巴巴公司认为区块链在金融云服务方面能够带来非常大的帮助。据一些报道称，阿里巴巴招聘区块链的专家，对区块链的研究花了不少力气。

  区块链会让电子商务变得更加便捷，这一点是毋庸置疑的。电子商务公司应该努力寻找和区块链结合的机会，而消费者则应该期盼区块链给电子商务带来的变化，以享受到更好的服务。

区块链让身份认证不再麻烦

身份认证一直以来都是比较麻烦的事,为了身份认证,我们有身份证、指纹和人脸识别等。可是,虽然有了这些认证的方式,身份认证依旧还是有很多问题无法得到解决。比如曾有一则新闻在网上火爆一时,就是"如何证明我妈是我妈"。对于这件事,《人民日报》也进行了报道。

"该怎么证明我妈是我妈!"这是北京市民陈先生的一句感慨。听起来有些好笑,却是他的真实遭遇。

陈先生一家三口准备出境旅游,需要明确一位亲人为紧急联络人,于是他想到了自己的母亲。可问题来了,需要书面证明他和他母亲是母子关系。可陈先生在北京的户口簿,只显示自己和老婆孩子的信息,而父母在江西老家的户口簿,早就没有了陈先生的信息。在陈先生为此感到头大时,有人指了一条道:到父母户口所在地派出所可以开这个证明。先别说派出所能不能顺利开出这个证明,光想到为这个证明要跑上千公里,陈先生就头疼恼火:"证明我妈是我妈,怎么就这么不容易?"而更令陈先生窝火的是，这一难题的解决，最终得益于向旅行社交了60元钱，就不需要再去证明他妈就是他妈了。

虽然想到身份认证，我们可能觉得这是一件很简单的事，我们有身份证，还不能证明自己的身份吗？但是一旦遇到问题，我们就会发现，身份认证真的不是那么容易的。区块链的出现，可以改善身份认证的现状，让身份认证变得更加简单。

对身份认证来说，区块链的分布式账本特点，是一个非常有价值的特点。区块链对人的身份进行认证之后，也可以改变用户都是匿名的状态，让它的应用场景变得更为广阔。

区块链如果和生物识别技术结合起来，就能够让身份认证的准确程度变得更高。因为生物识别技术虽然精准度够了，可是对信息的储存并不是那么安全。有了区块链技术的加持之后，精准的认证加上安全的信息储存，身份认证就会变得更加可靠。

现在已经有一些项目，就是把区块链技术和生物识别技术结合起来。身份证件的信息会进行加密处理，然后储存在用户那里，而数据指纹则放到区块链上，然后还有可以用来做数字身份认证的私钥。于是，信息数据就变得更加安全可靠了。

区块链和大数据相结合，可以让身份认证的范围大大扩展。每个人都有一个独特的身份，所以也就有独一无二的数据。要想让更多的人享受到身份认证的服务，就要有非常多的数据，这就是大数据。区块链具有可追溯的属性，于是就能让身份认证的各种数据更加真实可信，让大数据和身份认证的结合成为可能。

一个人的姓名、性别、身份证等识别信息，以及个人的婚姻状况、信用记录、行政处罚等个人信息，进行相关分类以后，作为大数据储存起来，成为对人进行身份认证的基础。除了这些数据之外，社交网络也可以对身份认证起到很好的作用。可以说，在区块链创建的可信任的环境下，互联网和大数据就能够对身份认证起到非常大的作用了。

除了现在的这些身份认证之外，如果将来社会变得更加发达，地球真的成了一个"地球村"，那么，利用区块链还有可能对全世界的人进行统一的身份认证。这样一来，身份认证就不分国家和种族了，变得更加方便快捷。这样的身份认证，效率会非常高，而且也是公开透明的，在方便人们的同时，也能得到人们更多的信任。

用区块链来进行身份认证，也会让用户的个人信息更加安全。传统的身份认证，可能需要用户反复填写自己的信息，填写到表格上或者网页上，这都增加了个人信息泄露的可能性。有了区块链技术之后，只需要将身份信息保存到区块链上，无须反复填写，信息的安全性就会更强。

总之，区块链会给身份认证带来极大的便利，有了它，人们的身份认证将变得不再麻烦。正因为认识到了这一点，所以很多研究者都在进行这方面的研究。关于这方面的研究，一些国外的项目都做得非常好。相信在不久的将来，区块链就能够在身份认证上给社会带来更多的便利了。

数字资产将成为一个大趋势

MBA智库（开放性百科全书）曾经对数字资产下过一个定义：数字资产是指企业拥有或控制的，以电子数据形式存在的，在日常生活中持有以备出手或处在生产过程中的非货币性资产。现在，数字资产还应该算上个人的以电子数据形式存在的那些资产。

现在，移动支付的技术在我国应用非常广泛，上街买个菜都可以用支付宝或者微信付款。我们的钱放在支付宝或者微信当中，然后直接拿来进行消费，这就是对数字资产的使用。除了这些日常生活中的花费之外，在网上炒股、在线听歌看电影、网络办公等，这些都会用到数字资产。如果是一个公司，有可能在网上发售一些积分或者是优惠券之类的东西，这也是将资产进行数据化的一种方式。还有一些公司，直接利用数字资产来进行股权的分配。

区块链的出现，让数字资产变得比以前更加安全，也更加可信了。因此，对整个社会来说，数字资产将会成为未来的一个大趋势。

有人认为，如果我们想要得到比我们预期还要高的回报，那我们就必须在资产配置上和其他人不一样。随着区块链技术的发展，在未来如果要进行资产配置方面的改变，数字资产很显然就是一个非常好的机会。在未来的10来年时间当中，数字资产将是不容忽视的一种资产类型。

很多大企业，都是因为数字资产而取得了巨大成功。

阿里巴巴、百度、腾讯，这三个"巨头"公司，因为互联网而迅猛发展，他们的资产，很多都是数字资产。很多迅速崛起的公司，都和数字资产有着密不可分的关系。无论是这两年大火的共享单车，还是前几年就已经迅猛崛起的滴滴、美团等，都有数字资产参与其中。

在移动互联网高度发达，共享经济成为一种潮流的今天，资产要快速流通，才能产生巨大的力量，而数字资产，正好满足了这一需求。因此，那些有数字资产参与的公司，往往都能够发展得很好。

除了发展方面的优势之外，数字资产对一家公司的内部也是有非常大的好处的。建立在区块链基础上的数字资产，可以减少公司的成本，避免资源的浪费。数字资产往往能给公司带来更好的解决方案，让效率变得更高，成本变得更低。很简单的一个例子，就是对资产的管理。数字资产的管理会非常简单，因为资产都是数字化的。

区块链的出现，让数字化资产有成为大趋势的可能。为什么是区块链推动了数字资产的发展，而不是别的因素？就是因为区块链可以提供数字资产所需要的各种条件和技术。

首先，区块链是去信任化的。在区块链的去中心化的分布式结构之下,人与人之间不必信任,因为这种信任完全可以转移到对区块链的信任上。就算人和人之间没有信任,也是可以正常进行交易的,因为区块链可信。区块链没有感情,该执行什么、该运行什么,它就会去做,只要条件达到了,它就会绝对执行,所以是完全值得信任的。这就让信任变得非常简单,而且中介也没有了存在的必要,因为区块链就是可以完全信任的中介。

其次,区块链的去中心化对数字资产是很好的特性。没有区块链的时候,数字资产在转移的过程中,会产生大量的手续费。如果资产要经过多个部门,不但要花费很多的手续费,而且时间也会变得特别长。区块链可以将这个问题解决,只要在区块链上进行交易就可以了,没有必要再经过其他的途径,不会涉及其他的人和其他的部门。于是,交易的手续费和交易的时间都会减少。这一点,是区块链给数字资产带来的巨大好处,也是每个人都能看到的。

再次,区块链能给数字资产提供梦寐以求的透明度。区块链是高度透明的,而数字资产最害怕的就是不透明,因为一旦不透明就可能产生各种问题。资产高度透明之后,任何的黑幕和暗箱操作都是不可能的,这就让数字资产变得更加安全可信了。

最后,区块链所提供的匿名性,也是数字资产所需要的一个属性。我们在网上输入自己的信息,可能一不小心就泄露了出去,这就给我们的生活带来了很多的麻烦。在区块链上,交易可以是匿名进行的,除了地址之外,我们可以将自己的信息充分保护起来。于是我们就处在一个更加安全的环境当中,不用担心信息泄露的问题了。

总的来说,在区块链技术的支持下,数字资产将会成为一个大趋势,改变我们的生活,也方便我们的生活。

区块链让预测未来成为可能

说到预测未来，有的人可能不会相信，但这就是事实。

人工智能早就在预测方面做出过令人感到惊讶的事情了。

人工智能通过切片组织，可以提前发现癌症的一些迹象，并且在这方面做得比人类更好。如果欺诈性支付攻击即将发生，那么人工智能往往能够感预测这种攻击的发生。更不可思议的是，人工智能还可以在法律文件中发现错误，并将这些错误标记出来。

OpenAI（人工智能非营利组织）曾经通过Dota 2这款游戏来对AI进行测试。说到Dota 2，喜欢玩游戏的人知道，它是一款对战的游戏，非常复杂。这个游戏中有非常多的可能，比如假装攻击而让对手进行闪避，还要预测敌人会在什么地方出现，是不是躲在暗处准备伏击等。OpenAI的AI机器人第一次接触这个游戏时，它的学习速度非常快，它甚至还可以在和职业选手一对一比赛的情况下战胜职业选手。由此可见，它的预测能力是非常强的，不然，它无法玩好这个游戏。

人工智能确实拥有预测的能力，而将人工智能和区块链技术结合以后，预测未来就成为可能。

把神经网络和区块链技术结合起来，其实就是用软件来对生物的大脑进行模拟。Magos AI项目把神经网络、人工智能和区块链技术结合起来，然后让这几种技术共同作用，对未来进行预测。这个软件现在主要是用来对体育市场以及去中心化市场进行预测。它的信息来源渠道非常丰富，这些收集来的信息须由AI进行过滤。

这个系统的构成，使得它是一个非常有效的系统。当这个系统成熟以后，预测未来的成本不会很高，只需要不多的资金，就可以对未来进行预测，而且准确率会很高。当体育平台和第三方预测接入到系统当中，并提供数据，Magos AI就能够利用相应的参数对数据进行修剪和组织等处理。

Magos蓝皮书中表示：

核心预测机制包括高级数据的挖掘、整理与数据分类，降噪，深层分析，权重分配和自动调整。使用特殊的插件（如波动评价）来确保模型能够避免高水平的不确定性事件，并且，网络风险管理提供了基于模型性能的最优资金增长。

尽管现在Magos所做的只是对体育和市场的预测，但是在区块链技术的帮助下，预测未来的技术一定可以在越来越多的领域得到应用，例如数字资产管理领域等。由于数字资产在未来是大趋势，这种预测的价值会因此而变得非常高。

对此，Magos的团队曾这样申明：

我们从常规的预测标记和体育预测开始，但我们的关注核心一直是去中心化资产管理和像Augur、Gnosis、Melonport和Stox一样的市场预测平台。我们预计这项技术将在2018年完全成熟，我们的项目也会更加透明。这将是2019年Oraculum门户网站发展的关键一步，我们想让任何对预测感兴趣的人将Magos用于他们的预测领域——不管是体育、政治，还是商业、金融。

区块链加上人工智能之后，预测未来将会成为可能，我们就能生活得更加从容。这就是区块链给我们每个人的生活所能带来的好处，也是区块链技术的伟大之处。

第六章

区块链
影响金融格局

区块链的诞生,首先就给金融行业带来了非常大的好处。区块链和比特币相伴而生,似乎它生来就和金融有了不解之缘。区块链的安全性、透明性以及不可篡改等属性,对金融行业来讲都是非常好的,它将会全面影响到当前的金融格局。

股权清算结算机制将被区块链改变

　　虽然股市的大涨大跌是常有的事情，但是人们对股票的热情却一直没有消退，我国的股民数量一直在增长。尤其是在移动互联网时代到来之后，股民的数量更多了。现在智能手机几乎人手一部，每个人都可以拿起手机来投资股票，大家对炒股也是乐此不疲。

　　人们炒股只需要动动手指就可以了，但是股票的背后是一个特别复杂的系统。在交易日的上午九点一刻到下午三点的时间段当中，柜台交易系统所接到的买卖股票的委托可以说是一个接一个，而且还要向交易所报盘并且从交易所接收是不是已经成功的回信。这其中的工作量非常庞大，想要处理好这些工作并不容易。

　　柜台的系统内部会有相应的资金记账原则，比如卖了股票之后，用户的可用资金就会相应增加，而买了股票之后，用户的资金就会相应减少。记录用户的交易行为，是通过调整用户的账户当中的信息来实现的。不过，这些在交易时间里所发生的各种证券余额和资金的变动，都具有临时性质，最后还要进行"清算"，这样才能将当天所有的业务在用户的账户上进行记录，在历史交易记录里显示这一天的所有交易情况。

一般来说，证券交易必须有中央结算机构、交易所、证券公司和银行四大机构进行协调，才能完成股票交易。这种做法的成本比较高，而且效率比较低。现在，为了解决这些问题，各大金融机构都开始想办法将区块链引入股权清算的机制，全世界的金融机构都在为此而想办法。

证券的清算与结算都是证券交易业务中非常基础的环节，它们彼此之间存在一定的联系，但是又有相应的区别。清算主要说的是在一个营业日的时间里，对每个证券交易机构成交的证券数量和价款进行轧抵，对资金和证券的应付或者应收的净额进行计算。结算说的是证券交易完成以后，对买卖双方应付和应收的资金和证券进行核定计算，以及完成资金和证券相应的转移过程。

只有完成了结算，才有可能进行下一次的交易。因此，结算能不能顺利进行，这关系到了买卖双方能不能将权责关系厘清，并关系到整个股权交易的市场能不能正常运行。

一般来说，在国际上，通常是把结算平台跟交易平台分开的，这样对证券交易平台的发展更为有利。因为是在后台支撑着行业的发展，所以结算业务和托管是向一体化和集中化方向发展的。可是，成本高、效率低对全世界的证券交易来说，都是很难回避的问题。区块链的出现，让这个问题有了解决的可能。

区块链作为分布式的数据库，非常安全，在金融界使用起来效果会非常好。区块链应用到股权清算的问题上，能够将现在所存在的股权清算的问题解决掉。区块链的技术可以给金融市场提供一种成本更低的计算方式。通过区块链进行的交易，可以直接在交易双方之间进行，无须通过任何的中间环节，于是这就让交易变得更加简单，消耗的资源成本更低，速度也变得更快。

全世界的股权交易清算和结算都对区块链所带来的好处有非常浓厚的兴趣，它的安全性、透明性、可追溯性、不可篡改性等，让它成为证券登记、证券发行、股权管理等进入数字化管理阶段的工具。这样一来股权的清算和结算都将变得更加安全和高效。

现有的股票上市流程，都要先进行审核，然后才能发行和交易。但是区块链可以进行跟踪交易的特性，让这个过程变得更加简单起来。在证券清算和结算的系统里，就可以把清算所的清算、验证交易等步骤省掉，不用再去验证投资者持有股票的真实性，这就让效率更高，同时也让成本更低。

美国的在线零售商Overstock可以说是在区块链证券项目上做得最早的公司之一。Overstock和一家创业公司一起开发了一个项目——美第奇。不过因为一些原因，该项目并没有顺利完成。但尽管如此，两家公司依旧在用区块链推动证券市场发展这件事上做着不懈努力。

后来，Overstock公司公布了一个项目O的部分信息，这个平台是为了开发在区块链技术下实现股权交易、清算和结算的功能，希望利用区块链产生一种"交易就是清算和结算"的状态。

区块链在股权清算结算机制上能起到非常大的作用,将区块链应用到这两个方面,将会产生巨大的改变,并且这个改变将会是所有金融界和炒股的人们都想看到的。

区块链让共享金融不再是梦

共享金融是用信息和网络时代的制度和金融技术创新，建立起一种以利益共享、功能、要素和资源等为特征的金融发展的模式。其目标是让金融资源的配置更加公平、更加有效，以使得金融消费者的主权得到显示，并且让现代的金融发展更加均衡。于是，金融就可以更好地为社会经济的协调、创新、开放、绿色、共享型发展做出贡献。

共享金融的出现，将会满足人们对金融小而美的追求，满足消费者"主权"的社会对金融提出的全新要求，而且也是让金融变得更加有个性，它是进入后工业时代的写照。共享金融注重的是机制共担、用户体验、各方共赢、利益共分、普惠金融。

以前谈共享金融，可能并不容易实现，最多只是个美好的梦。但是，有了区块链技术之后，这个梦不再只是梦，它可以变成现实。

区块链这个互联网分布技术，和比特币共同诞生，所以从诞生那刻起，它就和金融有了不解之缘。金融本来就是为了实现资金资源的合理分配而存在的，区块链在这方面显然比现有的方式都要先进。区块链可以降低风险，提供更加安全的金融环境。

互联网可以让金融中介实现电子化，而在这个向电子化转变的过程中，区块链所能起到的作用是非常大的。区块链可以让可能出现的风险系数降低到更低的程度。共享金融模式的实现，让业务操作模式里的供需在相等的方向上靠拢。于是，金融业相关的金融技术、评级、信息、信任等一系列的问题都处在一个对称的阶段。区块链因为是去中心化的，因此共享金融的出现也就有了可能。

为了研究共享金融和区块链的问题，在深圳曾经召开了一次"全球共享金融100人论坛·深圳春季峰会"。在这次峰会上，人们所讨论的问题，都是围绕着利用区块链来做共享金融而展开的。

在北京也有过一次关于区块链的发布会。在这个发布会上，人们认为区块链将会对共享金融产生主导作用。当共享金融发展到更高级的阶段时，将会达到区块链金融的境界。

区块链简直可以说就是为共享金融而存在。有了区块链之后，金融作为信息行业的本质就可以更充分地体现出来。实际上，金融本来就是一个信息行业，只不过在技术还没有达到的情况下，这个性质无法很好地体现出来，因此人们往往也就忽略了这一点。有人对金融的利润来源进行分析，发现通过信息收集、处理和分析所获得的利润占了总利润的90%左右，由此可以证明，金融实际上就是一个信息行业。

当技术发展不足时，虽然有很多的数据信息，但是因为获取困难以及难以使用等原因，这些数据的价值就被浪费掉了。有了区块链技术之后，区块链让这些数据变得易于获得并且方便使用。于是，可以利用这些数据对用户的信用度进行判断，并且还可以给用户提供一些量身打造的服务和产品。区块链在金融领域应用之后，共享金融的成本就会大大降低。每个人都可以享受到共享金融的资源，于是就有了供应链金融、保险、网贷、众筹等的金融活动，让共享金融的服务惠及更多的人。

共享金融对成本的节省是非常显著的，甚至可以让成本无限趋向于零。金融服务本来是为了满足用户三方面的需求，一个是支付，一个是融资，最后一个是投资。传统的金融机构，会在这几项业务上设置一些门槛，为的是防止自己做赔本生意。当区块链让金融变成共享金融之后，就能够让人工成本变得非常低，门槛设置也就不再重要了。于是，将会有更多的人享受到更好的金融服务。

尽管共享金融的各方面现在都还不完善，但是它将会成为金融行业主流的发展趋势，并且它的发展速度也会非常快。有相关人士对共享金融今后的发展做过预测，认为到2020年时，共享金融的生态圈会更加丰富，并且众多的业务会被细分出来，它的规模将达到万亿元的级别。还有人表示，也许在未来，银行会从金融领域消失，专业的金融机构也会消失一大部分，金融会和商业活动相伴而生，随时随地解决人们在交易中所遇到的问题。

区块链影响了金融格局，也终将改变金融格局。共享金融的出现，将是科技发展的必然，将是不可阻挡的潮流。

区块链让信任变得更加简单

信任问题对金融行业来说是最大的问题，如果没有了信任，也就无法再做金融服务了。对于传统的金融业来说，信任一直都是制约行业发展的一个问题。但是，区块链技术的出现，让信任问题变得更加简单。

区块链技术是分布式存取数据的技术，网络中各个节点都参与数据的计算和记录，并且相互验证数据信息的有效性。如果从这个层面上来分析，实际上区块链技术就是一种特定的数据库技术。

现在，区块链的应用还不是特别成熟，但是当区块链完美地和金融结合起来时，信任就会变得非常简单了。区块链本身所带的安全和可信的属性，以及它的高度透明化和不可篡改的属性，让它成为人们安放"信任"的最理想的处所。

区块链和金融结合起来之后，所有的数据"从哪里来""到哪里去""经历了哪些转移""有什么样的属性"，所有的一切都清清楚楚地记录在区块链当中，每个人都可以查到和看到。没有人会去质疑它的真实性，每个人都会相信它，这是由它的属性决定的。

客户A从甲、乙两个银行同时申请了贷款100万元的抵押贷款。但是A的房子的总价值就是100万元。如果甲、乙两个银行不知道这件事，都贷给A100万元，那么风险系数将会大大增加。

但是，有了区块链技术之后，如果甲、乙两个银行都在区块链上，就可以对A的交易情况一目了然。于是，A能不能贷到那么多钱，两家银行将会重新考虑。

在区块链技术的参与下，监管部门可以更加省心。监管部门可以加入区块链当中，这样就能够清楚知道交易进行的情况，将一些有风险的事件阻止下来。

在生活当中，实际上我们每个人的一举一动都会产生相应的数据，而且数据的量可能还会很大，还有可能会出现突飞猛进的增长。但是，这些数据的真实性如何，它们到底可不可信，这一点很难证明。区块链技术解决了信任的问题，它让这些数据全都可以追溯，并且让这些数据不可篡改，是透明的，于是人们自然而然就会产生信任。

金融行业对信任的要求比很多行业都高。区块链能够让人消除地域的限制，用信任的方式来进行大规模协作。所有的这些都源于区块链给人们提供了一个可以信任的模式。区块链所创造的信任体系，是区块链对社会以及金融最重要的贡献之一。

互联网金融和金融科技的飞速发展，使得传统的金融基础设施也产生了非常大的变化，于是金融服务体系也就被再造了。当下货币的种类非常多，支付方式也越来越多，而中心化的账本以及数据体系受到黑客攻击的风险也在增大。金融数据支持设备、网络协议的更新和金融创新与市场需求相比，往往都是滞后的，于是金融业的发展面临很多问题，而它所依赖的传统信任体系也问题多多。

区块链拯救了金融行业的信任体系，在交易记录、交易权威和交易工具这三个方面对信任体系进行了一次再造。实际上，从区块链诞生时起，它就已经受到了金融界的瞩目，并且逐渐开始在金融行业应用起来。

区块链提供的是一种"去信任化"的架构。在这样的架构之下，即便进行交易的是完全陌生的两个人，也不需要去担心信用的问题，因为它具有不可篡改的属性，没人可以改变这一点。在区块链所构建的系统中，人们可以非常放心地完成各种金融交易和各种协作。系统中所有的节点都在为数据库服务，都是在维护数据库，这让所有的数据都是精准、真实的，所以这些数据全都是可以信任的。

风险控制在金融领域来说是非常重要的一个环节，如果没有信任，风险就会无限放大，而有了信任之后，风险就会降低。区块链也许不是完美的，但它给金融行业所提供的这种"可信任"的属性，绝对是一种完美的属性。

区块链本身就带着可信任的属性，它应用在金融行业之后，金融行业也就拥有了这样的属性。区块链改变了金融行业的信任状态，信任变得更加简单，这让金融行业的可信任性空前增强。金融行业将会因为有区块链的帮助，受到更多人的信任，发展得更快更好。

区块链将给银行业带来革命

每一个新兴的事物,在给人们带来新鲜感的同时,也会令人感到有些担忧,区块链技术也是如此。当区块链技术出现时,银行业的人都在关注它,但一开始基本都是充满担忧的,后来真正认识到区块链的强大之后,才撇开忧虑,对区块链积极拥抱。

区块链技术虽然强大,但这项技术毕竟还不够成熟,存在着很多不确定的因素。尽管现在区块链已经在不少领域有应用的例子,很多世界级的大银行也在区块链的领域不断进行布局,而且不是简单布局,而是全方位布局。但是,我们国家的银行对区块链的总体态度还是比较保守的,不敢迈步太大。不过一些中小银行在对待区块链这件事上反而表现得比较大胆,进行了很多尝试和创新,走在了区块链技术创新和发展的前列。

区块链可以说是这几年最火的词汇之一。其实早在几年之前,区块链就已经在金融界带来了一场地震,每一个金融行业的人都对区块链这三个字不陌生,它的大名简直如雷贯耳。

区块链在美国的创投中所获得的融资额是最高的，金额很快就超过了10亿美元，很多企业都对它进行投资。纳斯达克、花旗银行、高盛集团都在区块链方面疯狂布局。我们国家的企业也对区块链非常感兴趣，阿里巴巴、腾讯和百度等互联网大企业都在区块链领域积极布局。不过，在这些投资者当中，传统银行的投资是最多的，比如花旗银行和摩根大通银行等银行业的巨头，都投资了很多钱。可见，银行业是对区块链技术最为期待的行业之一，而区块链给银行业所带来的革命性改变，肯定也是巨大的。

区块链给银行业带来革命几乎是必然的。从区块链技术应用到金融行业那一刻开始，用户的支付习惯以及理财习惯就注定了要发生一些改变了。不过，银行业对区块链技术也存在担忧，首先是担心区块链的技术很难，利用起来不容易，然后是担心会走到错的道路上去，最后还担心政策和监管方面会对发展不利。这些担忧，在我国的一些大银行身上表现得更加显著。不过，其实这些担忧并不需要放大到那么大，政府虽然对区块链技术比较慎重，但总体上还是支持和鼓励的。

当一些中小银行在区块链技术上大胆尝试，并取得了一些成效时，大银行也开始认识到区块链的强大，开始在区块链领域进行试水。一项新的技术一定要经过各种实践，才有可能逐渐完善起来。经过不断试水之后，区块链给银行业带来的革命也会越来越深刻。

巴克莱银行是英国的第二大银行，它在进行了一个名为"巴克莱加速器"的为期三个月的导师计划之后，选择了三个区块链领域的相关公司，对其进行扶持。除此之外，巴克莱银行还和比特币交易所Safello达成了协议，在应用区块链技术加强金融服务方面进行各种研究和探索。

CBW银行是美国堪萨斯州的一个银行，它拥有100多年的历史。这家银行和数字货币公司进行合作，推出了ONE Card这个实时支付系统。有了这种先进的技术之后，CBW银行在银行业中的竞争力变得更强了。在实时结算所带来的方便快捷的服务影响之下，CBW银行更受人们欢迎了。

区块链技术在银行业的应用，将会给银行业带来一场巨大的革命。是畏惧不前，等着整个行业发生改变，还是积极地做出改变，自我革命，实现突变式进步，这是银行业需要思考的问题。而那些想要发展得更好的银行，将会积极拥抱区块链技术。与其被创新技术革命，不如提前自我革命。很多银行都意识到了这一点，并积极做出改变。

美国区块链创业公司R3 CEV和摩根大通银行、巴克莱银行、澳大利亚联邦银行、西班牙对外银行等9家银行一起成立了金融区块链联盟R3。除了这9家银行之外，很多银行也都加入其中，比如花旗银行、平安银行、招商银行、德意志银行等，总数有60多家。R3联盟的发展可能不尽如人意，但这足以说明银行业已经开始对区块链技术充分重视起来。

区块链技术会给银行业带来革命，银行也可以选择自己主动革命，通过改变，推出更好的服务，让自己发展得更好。

区块链引发金融支付的风暴

区块链对金融支付所带来的影响也将会是巨大的,它会给金融支付带来一场风暴。

支付和我们每个人的生活都息息相关,在移动支付的浪潮已经席卷了全国,并开始向世界各地蔓延的今天,人们对支付的认识越来越深入。但是,移动支付发展到今天,已经是支付的终极形式了吗?不是的。移动支付虽然很方便,但区块链技术应用到支付领域之后,会让支付变得更加简单和安全。

区块链技术通过底层的协议来解决具体流程里所遇到的一些麻烦,它并非只是一个上层的业务模式。将区块链技术应用到国际上,它可以对跨境支付带来很好的帮助,让跨境支付的效率变得更高,而且还可以更加安全,成本更低和更加方便。看一下跨境支付的现金流和资金流,我们就能知道,从一个跨境消费者通过境外网站进行购物并提交订单,一直到整个验证结束,到整个交易流程结束,一共有11个步骤需要经历。11个步骤,这实在是有些烦琐。

在以前，跨境支付的很多痛点很难得到解决，这些痛点就成了一直困扰人们的问题。区块链出现以后，人们惊喜地发现，区块链几乎可以将这些痛点全都解决掉。由此看来，区块链简直就像是跨境支付的救星一样，一下子就让跨境支付的现状有了解决的办法。区块链的分布式储存、不可篡改性、安全性以及可追溯性等特性，对跨境支付的帮助非常大。

其实区块链技术对于所有的金融支付来说，都是能带来极大的帮助的。区块链技术的特点能够帮助金融支付将中间的环节省去，让点到点的快速支付得以实现。不仅如此，区块链技术还可以从根本上降低因中介参与而产生的那些额外的费用，让支付的成本变得比以前更低。高效和低成本，这是人们梦寐以求的，区块链让这些变成了现实。

区块链还有一个非常重要的应用就是智能合约，它是能够进行编程的。在这个基础上，我们不但能够把区块链当成一个支付系统和汇兑系统，还能够利用区块链技术运用代码来编写以及执行可执行的合约。

在迈阿密区块链技术博览会上，有一家叫作"哈罗森特"的企业。这家企业根据区块链可以编程的属性，在区块链上设置了一些执行操作的前置条件。于是，不管是验货、收货还是支付等行为，都可以实现自动化，不再需要人工操作。这就极大节省了人力，节约了资源和成本。

这家企业制定出来的实施方案，是把传感器装到红酒瓶当中。如果传感器测定的湿度和温度达到了智能合约里所规定的相应参数值，那么订单就会完成，达不到，订单就会取消。

哈罗森特利用区块链的智能合约制定的支付方案说明，所有的事物都能够建立起一种互通的关系，只需要掌握了一定的数据，就可以让这种联通得以实现。所以，区块链技术能够在金融支付领域带来风暴，其实也就能在那些"各种参数达到就能够执行某种行为"的领域带来风暴。

区块链是去信任化的，另外它又具有公开透明的属性，这些属性加上分布式账本的特点，让支付方案拥有了更好的解决方式。比如跨账本协议可以帮助银行，让银行的清算速度变得更快一些，并且区块链技术还能够让参与协议的各方都看到一个相同的账本，让各方的一致性达到最大化。

我们可以将区块链当成一个信任传递的协议。例如A要将一些钱转给B，但是A和B之间其实并不认识，彼此都不是特别信任。在区块链的帮助下，如果在接入区块链的人当中，A信任C，C信任D，而D又信任B，那么一个信任传递的情况就产生了。通过这种方式，就能够让信任支付协议的传递得到实现。

区块链给金融支付领域所带来的方便是前所未有的，它将给金融支付行业带来一场巨大的风暴。当金融支付和区块链技术结合到一起，我们未来的支付方式一定会更加安全、快捷和省钱。

第七章

区块链

将在各个应用领域带来风暴

　　区块链的特性,让它不仅仅可以在金融领域得到应用,还可以在其他领域带来风暴。区块链在全世界火爆起来,很多人都在认识区块链、研究区块链。区块链将在各个应用领域带来风暴,它有这样的属性和能力,而全世界的关注也正是最好的机遇。

区块链在能源行业的应用

区块链是分布式的，区块链技术应用在能源行业，就让能源也有了分布式的特性。

分布式能源是一种建在用户端的能源供应方式，可独立运行，也可并网运行，是以资源、环境效益最大化确定方式和容量的系统，将用户的多种能源需求以及资源配置状况进行系统整合优化，采用需求应对式设计和模块化配置的新型能源系统，是相对于集中供能的分散式供能方式。

与传统的能源相比，和区块链技术结合后的分布式能源有很多好处。

追溯用户

假如用户用自己的一套发电装置发电，如果产生了污染之类的问题，以前会对电厂追责。但是，在分布式能源的模式下，每个用户都可以追溯到。一旦出现了问题，可以直接责任到人，这样就显得更加公平公正。

当用户需要对自己的污染行为负责时，那么用户就会尽可能减少因为发电而造成的污染。于是，用户会节约用电，并且用更环保的方式发电，比如利用太阳能、风能、地热能等更加清洁的能源来发电。

对环保来讲，追溯用户的这个特点，将会带来非常大的好处。

节约用户成本

电力系统其实一直都是处于一个垄断的格局当中，而分布式能源能够打破这种垄断，让用户的成本得到节约。用户可以自行选择用哪里的电，哪里的电更为实惠，用户可以自由选择。于是，电力市场就会由卖方市场变成买方市场。

乍看起来，似乎由卖方市场转变为买方市场，会使电力公司的利益受损。其实，当电力市场转变为买方市场之后，会刺激市场的发展，从整个行业的发展来看，是有利而非有害的。

当用户自由选择使用哪里的电时，通常距离发电站越近的地方，电价就会越便宜。于是在自由选择的情况下，用户会就近选择购买用电。于是，长距离的电力输送就会变得越来越少，减少了输送过程中的电力损失，同时也减少了基础设备建设以及维护这些基础设备的费用。也就是说，分布式能源可以让成本和损耗都变低，是非常有好处的。

让资源的配置更加优化

现在科技越来越发达，发电的类型也越来越多，其中太阳能发电也发展得非常好。太阳能发电不像风力发电那样，必须在空旷和风力充足的地区才能使用。太阳能发电只要有足够的光照，几乎在任何地方都可以使用。分布式能源让用户可以充分利用闲置的资源来发电，自家的屋顶、田野里都可以设置太阳能发电的装置。这样就能让资源配置更加优化，能够对资源进行更充分的利用。

发展前景

分布式能源在一些发达的国家发展得非常迅速。很多发达国家的政府对分布式能源的发展特别重视，不但对分布式能源的发展进行技术支持和规划引领，还出台了很多优惠的政策，并帮助建立起合理的价格机制以及统一的并网标准。在这样的政策之下，分布式能源的发展得到了有效推动，在整个能源体系中所占的比重越来越大。在欧盟，分布式能源的比例已占10%左右。

我们国家的分布式能源发展相对发达国家来说是比较晚的。就目前来看，分布式能源在北上广等一些比较大的城市多一些。但是由于没有统一的规划和标准，也没有利益协商和相关的法规来进行规范，因此无法形成规模。

分布式能源的好处非常多，它对能源的利用率高，对环境的危害小，能有效提高能源的供应，且可以产生良好的经济效益，所以将是未来能源发展的大方向。我国虽然目前还没有形成规模化的分布式能源体系，但是国家对分布式能源的发展也开始重视起来了。

区块链技术不断发展和完善，在不久的将来，分布式能源也会成为我国能源当中的重要组成部分。

第七章 区块链将在各个应用领域带来风暴

区块链在工业上的应用

区块链将在各个领域带来风暴，在工业领域自然也不例外。可以说区块链是工业4.0的底层技术，正是它的出现，让工业4.0时代得以到来。

被誉为"达沃斯之父"的达沃斯论坛创始人克劳斯·施瓦布（Klaus Schwab）说过一句话："自蒸汽机、电和计算机发明以来，我们又迎来了第四次工业革命——数字革命，而区块链技术就是第四次工业革命的成果。"

工业4.0有三种发展状态，下面我们来简单说一下。

第一种发展状态：工业制造自动化。工业自动化和工业机器人是这个发展状态的底层技术。在这个阶段，工业领域最明显的变化，就是工厂工人的数量会越来越少，工厂需要工人所做的事情也会越来越少，工厂普遍使用自动化设备以及机器人，生产效率得到提升，人工成本降低，最终无人工厂会出现。

第二种发展状态：数据流动自动化。大数据、云计算、工业软件和物联网是这个发展状态的底层技术。这个发展状态比第一种发展状态要复杂得多，定制化产品在流水线上生产。在工业3.0时代存在一些遗留问题需要解决，从工业4.0时代的第二种状态开始，这些遗留问题将得到真正的解决。

第三种发展状态：经济运行自动化。区块链将成为这个发展状态的核心技术，没有任何技术比区块链更加重要。这种发展状态必须以区块链技术为核心，才可以发展起来。第三代数字化思维的代表是区块链。区块链在思维方面和以往相比有了非常大的突破，这种突破是根本性的。以往需要输入程序然后再输入数据，最终用程序来处理数据，现在则是数据和程序已经结合起来，数字本身就带着程序。因此，数据可以进行识别，可以变成资产，也可以进行确权。于是，"价值互联网"就替代了以前的"信息互联网"，互联网的价值被挖掘得更深了。

区块链的出现，区块链的独特性质，让整个社会的经济运行可以变得像是一个工厂，实现工业化和自动化，节省人力物力资源。

英国是世界上第一个将区块链的价值定位提升到国家战略层面的国家，英国央行在很早的时候就已经建立了经济自动化的雏形，它所推动的RScoin（中心化数字货币）就可以体现出这一点。RScoin是一个全新的体系，和传统的银行货币运行体系不同，是传统银行货币运行体系之外的一个体系。在RScoin体系之下，无论是组织还是个体的账户都可以不通过商业银行，直接就能够在央行开通。这样的好处是，如果出现了流动性紧缺的状况，央行可以更加精准地解决问题，避免出现经济危机。央行只需要向缺乏流动性的经济体上存钱就可以了。要知道,在以往,央行需要通过买进政府债券、提高货币乘数、降低商业银行贷款利率等方式,来让流动性变得更强,这显然不如直接操作来得好。

区块链让社会经济体系运行工业化,当然在工业的具体方面也会有很好的应用。

Moog是一家生产机械控制系统及进行零部件设计与精密制造的公司,成立于50多年前,它是F-35、波音787等军用和民用飞机的主要控制部件提供商。在2017年,这家公司就已经开始将区块链技术整合到传统制造业流程当中。

如果一架准备在航母上起飞的战斗机出现了零件方面的故障,但航母上并没有相应可以替换的零件,那么,只要有一台3D打印机,并有足够的材料,就可以了。只要远程将零件的图纸设计好,然后在航母上直接就可以将相应的零件做出来。然后将飞机上的零件替换掉,飞机就可以起飞了。

通常,军机通过检修清单就可以确定安全并起飞,这是飞行员对地勤人员的充分信任。可是,机器打印出来的零件,可以完全信任吗?区块链将这个信任问题解决了。Moog公司把区块链的分布式特性和航母上的3D打印结合起来,提供了充分的可信任性。

区块链在工业上的应用范围非常广，它可以应用到工业的各个方面。在未来，区块链会给工业带来一场天翻地覆的革命。这场革命距离我们并不远，我们已经身在其中。

区块链在文化娱乐领域的应用

区块链在各个领域都带来了巨大的变化,在文化娱乐领域也是如此。文化娱乐领域对新鲜的事物本来就非常敏感,区块链在全世界火爆起来,自然也会在文化娱乐领域带来一场风暴。

不管是版权交易还是游戏,都在努力和区块链联系到一起。就连看似和区块链不太可能产生交集的明星和"网红"们,也对区块链有着很大的关联。

TFBOYS这个组合在年轻人当中非常火,TFBOYS的"粉丝"(fans,追慕者)在区块链这方面就做了一些尝试。一个名字叫作"TFBOYS饭票"的网站被TFBOYS的"粉丝"做了出来,并且还发行了"饭票"TFBC。

这个"TFBOYS饭票"网站表示,它所发行的"饭票"是"全球首个区块链粉丝数字娱乐通证",还表示这个网站是区块链"粉丝"后援团自发创立的。在未来,这些"粉丝"打算在这个网站的基础之上,建立起世界第一个"粉丝"区块链文化圈。

网站表示,用TFBC可以做的事情非常多,通证互换、线下活动、演出票务、"粉丝"直播和"粉丝"答题等都可以实现。有了TFBC,多元化的生态就建立了起来,用区块链技术,就可以让"粉丝"团在监督和维护偶像和"粉丝"的形象及利益时变得更加容易。

网站还对TFBC的使用场景进行了一些描述,其中包括票务受理、线上打榜以及购买明星周边等,可以说使用的场景非常广泛。

网站还表示TFBOYS组合中的三个明星天然获得60%的"饭票",也就是每个人会获得20%。TFBC发行的数量是固定不变的,总量是59993157张。这个数量据说是TFBOYS组合中三位明星生日的数字之和。

看起来,TFBOYS粉丝的这种利用区块链技术的活动做得好像很不错,但在我国,这是被央行明令禁止的行为,涉嫌ICO(代币首次发行)的行为是不被允许的。因此TFBOYS的经纪公司很快对事情做出回应,表示怀疑这是特定人士盗用组合名义进行非法牟利的活动,并保留采取法律措施追究的权利。于是,这个网站很快就关闭了。

区块链在文化娱乐领域有广泛前景,但是应用不好就可能是违法的。因此,怎么在文化娱乐领域应用区块链才是最好的方式,这是值得思考的问题。尽管有不少人对区块链的印象还停留在金融等领域,但在未来,区块链在文化娱乐领域的应用一定会越来越多。

首先,区块链可以保证正版的权益,让那些盗版内容无处可逃。因此,区块链为文化娱乐领域带来的一个非常大的好处,就在于创作者的权益可以得到更好的保障，让创作者的积极性变得更强。

以区块链对数字音乐行业的版权保护为例。词曲创作者或者音乐人可以把自己创作出来的内容放到区块链网络上面，于是有了区块链的记录之后，就可以追踪到对作品的使用和播放的情况。在获取相应的收益的同时，作者可以对作品的被使用情况更加了解，保证作品不会被其他人盗用，并且对自己作品的使用信息和收益情况更加清楚。此外，创作者还可以对自己作品的权限进行限制，不需要受到中间商的摆布。这些对创作来说，都是非常好的。

其次，区块链让"小内容"的价值得到了体现。在文化娱乐领域，常见的都是一些"大内容"的主场。如果是没有名气的中层甚至是下层的创作者，他们创造出来的"小内容"，则无论是名气还是利益，都要差很多。区块链的出现，让中心化的市场变成了去中心化的市场。于是，区块链将之前的市场壁垒打破，那些"小内容"的价值可以更好地体现出来。

当前的视频传输都有内容传输成本高以及低流媒体质量等问题，很多著名的大型视频平台也不能免除这些问题。有了区块链之后，因为区块链是分散式数据储存，所以就能在传播视频时以分散式对等网络的方式传播，这些问题就轻松解决了。

再次，区块链还可以让"粉丝"经济出现新的玩法。"粉丝"经济对文化娱乐领域来说是非常重要的一种经济，当区块链和"粉丝"经济结合起来之后，"粉丝"经济就能变得更加多元化。去中心化可以让每个"粉丝"的价值得到更好的体现，并且减少"粉丝"和创作者或者明星之间的中间环节，让他们可以直接联系起来，不会出现"粉丝"花了钱，创作者或者偶像却得不到利益，创作激情受挫的情况。

区块链给文化娱乐领域带来的影响将是巨大的。我们可以相信，当区块链在文化娱乐领域广泛应用起来时，文化娱乐领域的事情将会变得更加透明，创作者创作的激情也会因此而暴涨。

区块链在慈善公益领域的应用

区块链可以应用在很多领域,当然也可以应用在慈善公益领域。那么,将区块链应用在慈善公益领域,有必要吗?非常有必要。

想想曾经出现过的轰动一时的"郭美美事件"。郭美美在微博上疯狂炫富,各种奢侈品、兰博基尼、豪华别墅……结果她居然还有一个"中国红十字商会总经理"的认证。"郭美美事件"发生之后,有不少网友开始质疑:我捐出去的钱到底有没有到需要帮助的人的手中,这些本来应该拿来做慈善的钱,会不会被某些人贪污了?

没有区块链,身份认证这个问题得不到好的解决,人们不知道该相信谁,也不知道一些所谓的认证是不是真的靠谱。没有区块链,慈善事业的各个环节不可能做到完全公开透明,这也引发了人们的担忧。

区块链在慈善公益领域的应用,可以解决很多原本难以解决的问题,给慈善公益事业注入新的活力,让慈善公益事业更受到人们的信赖。

对慈善公益事业来说，最重要的就是善款的去向和相关信息。大家捐出去的是钱，但那些钱承载的是爱心也是信任。一旦善款去向不明，或者被某些人贪污、挪用，给慈善公益事业所带来的打击将是毁灭性的。如果人们对慈善公益事业失去了信任，那么慈善公益事业将有可能一蹶不振。

区块链的去中心化和高度透明，以及区块链的去信任化，对慈善公益事业来说，简直就是天大的福音。有了区块链，人们可以随时知道自己所捐的钱去了哪里。而区块链的不可篡改的性质，也能让这些善款更加安全。此外，区块链的匿名性，可以让捐款的人不必透露自己的信息，避免了道德绑架对捐款人的影响。

道德绑架对慈善公益事业来说，一直有很坏的影响。有些人在网上对明星等名气比较大的人物口诛笔伐，进行"逼捐"，这对慈善公益事业的影响非常恶劣。捐款无论多少，都是一份爱心，不应该受到指责，而是应该受到鼓励。如果通过区块链，让捐款实现匿名化，也就能避免出现道德绑架，这对慈善公益事业有很大的好处。

区块链的智能合约，可以提前将善款的使用规则规定好，在善款还没有筹集时，就已经定了性，不可能用作其他用途。这样一来，就能做到专款专用，让那些对善款有觊觎之心的人无从下手。

对慈善公益的平台来讲，有了区块链之后，平台所需要做的事情就会变得更少，平台的效率和成本都会变得更加让人满意。此外，还有更重要的一点就是，平台的公信力将会提高，这是最重要的。

从更加具体的技术层面上来说，区块链也可以给慈善公益事业带来很多具体的帮助。

首先，区块链会对资产或者交易进行跟踪，在安全的账本上自动完成交易记录，不需要任何的中介。这就使得资金的流动和交易更加安全。

腐败问题一直是慈善公益事业的头号大敌。前联合国秘书长潘基文曾表示：30%的联合国发展援助损失于腐败。区块链让资金的流动和交易的情况更加透明，任何的动态都是可以跟踪的，因此资金被贪污和滥用的风险就会变得比以前更低。

其次，区块链技术可以让资金的使用效率和速率变得更高，让善款因银行费用、货币价格、汇率等因素而受的损失变得更低。

再次，区块链解决了小额资金的跨国捐助问题。如果资金的数额并不大，跨国捐助可能会因为中间环节的费用太多变得不现实。有了区块链，这方面的费用可以大大降低。

区块链对慈善公益事业来说，是非常重要的，它能带给慈善公益事业信任和透明度，这两样都是慈善公益事业最需要的。因此，区块链将会在慈善公益事业上得到应用，而且会应用得非常广泛。

第八章
"区块链+"
将改变传统行业(一)

"区块链+"会在传统行业引发革命,极大地改变传统行业的状态。区块链在传统行业中会有什么样的应用和前景,又将带来什么样的改变呢?

区块链在交易上的应用

电商现在的体量越来越大，区块链用在交易上，首先就是应用在电商的交易上。电商交易原本就要借助互联网来实现，它和区块链的结合可以说是顺理成章。

区块链和电商相结合能不能实现，区块链和电商结合有没有好处？我们可以从两点来看。一个是现在的电商存在什么样的问题，另一个是区块链能不能把这些存在的问题给解决掉。

首先是价格问题。尽管一般情况下，在网上购物会比较便宜，但现在网购时我们会发现，网上的商品价格越来越高了，而且免运费的门槛也越来越高。如果只是购买少量的商品，很有可能需要承担运费。人们再也无法享受到电商刚开始铺开时，轻轻松松就免快递费的服务。

电商平台是中心化的平台，所以股东的收益一定是最重要的，为此，当然首先得考虑到利润的问题。没有利润，平台即便拥有体量，也无法长期存活。通常平台会对商品进行抽成，抽成的比例在产品销售价格的10%左右。

为了保证平台正常运作，平台还要有一个运营团队，这个运营团队往往是很大的。平台为了保证能够长期赢利，通常会充当商家和买家之间的中介，将商家和买家隔断。这样一来，就容易产生信息不透明的情况，不如买卖双方直接沟通更有效率。另外，这种中心化的管理方式，也增加了成本。为了维护平台的流量，有的平台需要支付大量的流量费，这些也都是销售成本的一部分。

其次是假货问题。假货问题一直是电商平台想要解决的问题，却总是不能根除。因为假货的问题，电商无法完全赢得人们的信任，一些平台也因为假货问题而被推上风口浪尖。但是，消灭假货不是一朝一夕就能做到的，需要付出长久的努力。

再次是卖家没有网站的所有权，网站归平台所有。卖家要在电商平台上开店，用了很多心思和精力，想把自己的网店做得更好。但是这个网店的页面，是归平台所有的，而非卖家。网店里所包含的产品图片、用户评价等这些数字资产，所有权是平台的。这就显得有些不公平，卖家努力经营的网店，却不能归自己所有。

对于上述几个问题区块链基本上都可以解决。

首先，使用了区块链之后，网上购物的整个流程都会变得更加简单，于是平台的交易费用就会大大降低。除此之外，更大的好处是可以让电商交易变得更加透明和安全，赢得消费者的信赖。当消费者充分信任电商之后，电商还会迎来新的增长点。交易费用降低，卖家的成本也就变得更低，所以商品的价格也可以随之变得更低，这样消费者就可以买到更廉价的商品，电商相对于实体店的竞争力也就会变得更强。

其次，由于区块链上的信息都是可追溯的，所以当区块链和电商结合之后，商品每一步的动向都是可查的。从产品出产直至产品来到用户的手中，所有的环节都会被记录下来。一旦出现了假货，顺着交易记录的这个链条去追溯，就可以查出假货的问题出在哪里。于是，造假变得毫无隐秘性可言，造假一定会被抓住。这样一来，就从根本上遏制住了造假的问题。

再次，区块链和电商结合之后，网站上卖家所有的相关内容，网店的数据，都可以成为数字资产，归卖家所有。无论是网店里用户的反馈评价，还是网店的产品界面，这些都归卖家所有。并且，卖家还可以将这些内容作为资产出售给其他人。这样一来，卖家建设自己的网店时就会变得更加积极，因为建设出来的网店是自己的资产，建设得更好也就意味着自己拥有的资产更多。

区块链在国际支付方面的应用

支付对于国际贸易来讲，是非常重要的环节，甚至可以说就是国际贸易的核心。在国际支付的问题上，往往会有无法结算的风险存在。这种风险极大影响了国际贸易，成为人们十分担忧的问题。

然而，国际贸易有非常大的好处。它能够加速各国经济的流通以及快速融合，能让资源在全世界的范围内完成更加合理的配置。因此，不能因噎废食，就算有结算的风险，国际贸易依旧要做下去。但结算的问题一日不消除，人们就要受到它的困扰，担心出现坏账。

在国际贸易当中，如何才能将结算风险降低，让国际支付更加可信，让支付的成本变得更低，已经成为一个非常重要的研究课题。区块链技术的出现，为这个问题的解决带来了帮助。

利用区块链进行国际支付的解决方案应该是这样的：

在区块链网络的基础上，把外汇做市商、流动性提供商、传统的金融机构等，都接入到支付网络当中，使之成为支付网关。有了支付网关，现实里的货币就能够和区块链上的数字资产的流动联系起来。也就是说，法定的货币能够变成数字资产，让接下来的支付转账变得更加方便。传统的汇出行、汇入行和做市商等机构，可以和区块链支付网络里的网络连接器连接到一起，将中间交易环节剔除。于是，支付就可以变成点到点之间的模式，支付成本就变得更低，而支付速度则会变得更快。

在区块链基础上实现的国际支付解决方案，有四个模块和两个角色非常重要。四个模块是业务逻辑模块中的核心，是让国际支付变成现实的重要因素。

网络连接器是第一个功能模块。网络连接器可以让各类机构和区块链支付网络连接起来，以变成网关。这个功能模块用起来非常简单，具有"即插即用"的特性。它能够和国际支付系统集成，让国际支付的处理变得更加简单。这个功能模块把收款行和汇款行连接起来，可以对进出口双方的付款信息、发货信息以及费用和个人信息进行交换。当系统对双方的交易信息进行确认之后，这个功能模块就会把区块链支付账本连接起来，做结算处理，然后将交易确认的信息通知给各方。

区块链支付账本是第二个功能模块。区块链支付账本可以连接银行和做市商等节点。

做市商客户端是第三个功能模块。区块链支付账本的外汇牌价由做市商来提供。区块链支付网络将银行内部的外汇交易平台集成上来也是要通过这个模块的帮助，这就让做市商的功能得以实现。

交易客户端是第四个功能模块。客户可以用传统的金融机构来做支付，也可以通过更简单的方式，用这个客户端直接对区块链进行操作，完成支付。

两个角色一个是网关，另一个是客户。

网关可以是流动性提供商、做市商或者银行等。网关的作用非常明显，就是给区块链支付网络引入现实当中的法定货币。

各类的国际贸易客户都是第二个角色中的客户。各个参与到区块链支付交易的相关方都是客户，确认交易信息需要这些客户一起参与。在交易的时候，只要有一方没有对这个交易进行确认，那么这个交易就无法变成有效的交易。在这样的校验机制之下，信息不透明的风险几乎可以避免，这就让国际支付过程中的风险性降低了很多。

在国际支付中使用区块链的技术，可以让国际支付的风险变得更低，效率变得更高，并且还可以为银行节省业务资源。

区块链的去中心化的技术特点，让交易的双方脱离了中心化机构的束缚，让资金的清算变得更加简单。在去信任化的协调的共识机制算法的基础之上，对资金和价值进行转移，这是完全可以信任的。

在区块链的帮助下，国际支付将会变得越来越受信任。解决了这个问题，国际贸易将会发展得更好，这是惠及全球的大好事。

区块链在投资方面的应用

区块链在投资方面也能有很好的应用，因此投资机构一定要为应用区块链提前做好准备。投资机构本来就应该有比其他人更加长远的目光，所以必须看到区块链在投资行业的效用和好处。

投资机构要做好未来的投资计划，首先就应该考虑到新技术如何应用，并且还要看到当前的环境是否适合新技术的发展。区块链是投资机构应该关注的技术，主要是因为区块链拥有变革的潜力，同时拥有拓展投资管理业务的价值，还有就是区块链正在蓬勃发展，虽然未来能够发展成什么样还不可知，也可能存在很多未知的风险，但风险和机遇总是相伴而生的。

尽管要在投资方面应用区块链技术，没有人可以拿出一个经过检验切实可行的方案来，区块链技术在投资方面的应用，还处在一个开发原型产品的阶段，或者是概念测试的阶段。但是，随着越来越多的投资公司对区块链技术进行探索，区块链在投资方面的应用前景会很好，而且有可能很快就可以让技术落地执行了。

区块链虽然火爆，但毕竟还不算特别成熟，应用区块链技术，想要一点风险都没有，几乎是不可能的。但是，风险背后就是机遇，潜在的激励无处不在。在投资方面，区块链所带来的潜在好处非常多，它也许可以从边际效应到彻底颠覆，在方方面面让投资的流程变得更加科学。因此，尽管区块链的成熟度让不少人感到担忧，可它所带来的好处，却值得人们为它冒险。

纳斯达克在区块链方面的研究做得比较好，它通过一个名为Linq的项目，可以让私募股权市场的平台方式发生改变。

通过研究加密数字货币，纳斯达克认识到了区块链的强大，并开始研究区块链应用场景，并对区块链的概念进行验证，做了Linq项目。

Linq项目的开发是通过纳斯达克私募市场进行的，这个市场服务于未上市公司的股票。有几家未上市的公司在Linq私有链上有股票记录。有人认为，纳斯达克在Linq项目上的战略考虑非常有价值，它将影响到整个金融市场的发展。记账服务以及托管一定是市场发展的基础，对于这一点，纳斯达克深信不疑。可扩展性和流动性是市场发展的另外两个因素。因此，在跟踪和报告、结算以及投资管理价值链的交易等方面，Linq都可以发挥出它的巨大作用。

纳斯达克对私募股权市场的痛点也有非常积极的探索，其中包括私募股权投资基金管理等另类投资市场。业务流程和技术方面在使用了区块链的技术之后，能不能看到在效率上的明显提升，这是他们所评估的主要对象。纳斯达克考虑的未上市证券的第一部分，是未上市公司的那些股票。

而且，纳斯达克会在Linq区块链基础设施中加入客户互动流程。

虽然区块链从它诞生的那一刻开始，就向世人展示了它强大的功能，但是，人们对新鲜事物所保持的戒心，让区块链技术的应用并不会太顺利。在过去的五年时间里，区块链才开始在投资价值链里面体现出它巨大的价值，在投资方面应用区块链技术这个观点，也开始被更多的人接受。然而，要想将传统的投资系统替换掉，区块链还有相当长的一段路需要走，因为投资过程中会遇到各种各样的风险，如果区块链没有经过实际的验证，技术就不会真正成熟，人们还是无法完全消除戒心。

区块链在投资方面的应用场景，在投资的价值链里是始终存在的。每一个投资机构都需要在投资管理价值链里面肩负起某些职能，这是向客户提供优质服务的必要条件。

新的事物和科技总是机遇和风险共存，区块链应用到投资方面时，当然也不例外。在把区块链应用到投资方面时，一定不能因为区块链相对安全，并有智能合约，就掉以轻心。要知道，即便是智能合约，也有可能因为遭受到黑客的攻击，而被黑客所利用。

总之，区块链给投资所带来的好处会非常多，但在使用区块链的过程中，要大胆尝试，小心实施，这样才能保证在创新的同时，将风险降到最低。

区块链在管理上的应用

区块链技术正处在发展当中，未来的发展前景非常好，而且它的安全性特别好。如果将区块链应用在管理方面，能够让企业管理的效率变得更高，同时让运营成本也变得更低。因此，在各行各业，很多人都对区块链在管理上的应用很感兴趣。

从传统的企业管理模式来看，不管是人力资源管理还是项目管理、采购管理，又或者是客户关系管理，都在安全性等方面存在一些问题。比如因为数据资源闭塞，在做出决定时考虑不周全，以致出现错误，或者在市场机制下交易数据被删改和造假，数据不真实而影响判断和决定。长期存在这样的问题，对企业的发展将会带来十分恶劣的影响。还有就是，有的企业无法形成一个科学合理的整体性系统，于是在做项目的时候，实时追踪根本无法做到。这就导致了数据滞后以及数据紊乱等情况的发生。因此，监控项目做得不及时，管理效率无法提高，追踪责任做得不好，这些情况就是难以避免的。如果用区块链技术来参与管理，这些情况就可以避免。

现在在管理方面应用区块链技术的公司并不是特别多，要想将区块链在管理上应用得更好，应该注意解决以下一些问题：有多个版本事实、不可靠的信息、部分真相、隐藏的信息、零碎的数字化、粗粒级数字化。

8Manage是高亚科技有限公司一系列企业管理软件的名称，公司提供一整套全面的新一代企业管理软件，兼具私有云和公共云服务，主要的解决方案有CRM（客户关系管理）、SPM（供应商管理）、PPM（项目管理）、财务管理、HCM（人力资源管理）、OA（办公自动化）、商业智能、O2O（线上线下管理系统）、FAS（智力机构ERP）以及ERP2（生产型ERP）等。

8Manage使用的正是区块链企业管理模型。8Manage可以将区块链不可更改的交易记录和开放式联合等特点利用起来，让企业实现直通式处理以及去中心化，让企业的运营模式和业务流程都发生全新的变化，可以让企业的管理变得更加高效和方便。

创新和变革

8Manage在技术的创新和变革方面做得非常好，它在区块链的基础上创立企业管理的系统技术，是区块链在管理方面的理想应用模式。在8Manage系统里面，每一个交互都是实时交易数据，而且这些数据的轨迹都是可以查询的。就像区块链里面的数据传输那样，它可以让联网互通成为现实，数据是环环相扣的，而且是非常难被改动的。即便是某个电脑出现了故障，这些数据依旧不会受到任何的损失，非常安全。

动态式管理

8Manage对精细化的数据连接特别重视,它的实时交易其实是在动态管理的模式之下实现的。8Manage能够将低层次的业务元素汇总为业务组合、合同、订单和项目,并且是实时的和有逻辑的。而且,它也能够将业务组合、合同、订单和项目分解成相应的业务元素,这些元素都是细化的,分解也是实时的。

智能合约

智能合约是区块链技术当中一个非常重要的内容。将智能合约运用到管理当中,就会和传统的管理出现很多差别。如果将纸质版的合约放到计算机当中,这跟计算机系统的智能执行和代码是没有什么联系的,这并不是智能化。8Manage的系统将现代计算机的高速和业务规则的对称性利用了起来,能够提供业务项目、合同、订单和项目所需要的多层级并且可以逐层追踪前因后果的信息视图。

8Manage的信息是分布式的,比如智能合同、公开招标、公开请求、公开项目,这些信息会使用分布式的数据库来储存。而对于那些集中式信息,比如工资、组织构架等,会使用中央数据库的方式储存。这样,在数据共享的同时,安全性也能得到充分的保障。

区块链在物联网上的应用

物联网就是物物相连的互联网。物联网是新一代信息技术的重要组成部分，也是信息化时代的重要发展阶段。

物联网一开始是做那些高价值项目应用的，在远距离健康护理、监控飞机引擎、自动化智能表等各个领域都取得了不错的成绩。然而在更多、更广阔的领域中，物联网的进展速度就比较缓慢了。用来收看互联网节目的智能电视只占电视机总量的10%，只有30%的重工业装备有了网络化分布的特点。可能家庭自动化，是物联网发展最慢的一个领域，消费者对它的接受度还不是很高。所以，要想让物联网更快地融入我们的生活，改变整个社会，就应该对物联网进行一次重启。

美国科技公司R3CEV的技术总监理查德·布朗认为，"去中心化"这一概念启发了IBM公司的物联网白皮书《设备民主：拯救物联网的未来》。他们将最终的架构称为"去中心化、自治的物联网"。IBM公司详细解释了此一理念，从更深的层面解释了"设备民主"。有趣的是，该理念与密码学和密码学货币的理念高度契合。

从理查德·布朗的话中，我们可以发现区块链技术和物联网技术是有很大的缘分的，是可以结合到一起的。要想完成物联网的重启，区块链技术是必不可少的。

区块链技术是人类在技术层面的一次重大突破，它改变了人们对于中心化机构的理解，而且这种改变是本质上的。区块链数字账本在很多领域都可以通用，一般只要是去中心化的系统，无论是金融行业还是其他行业，区块链都能发挥出巨大的作用。

物联网是去中心化的，因此区块链可以让交互设备之间的协作和交易处理变得更好。区块链作为一个基础架构出现，能够带来非常大的好处。当所有的交互设备都对自己的行为进行管理，将自身的作用充分发挥出来，一个"去中心化的自治物联网"就出现在我们的眼前。于是，数字世界的"民主"时代便到来了。

在"民主"的物联网世界里，数以千亿计的设备共同构成了这个网络。用户可以和设备联系起来，这个联系是以安全的身份确认机制为基础的。用户和其他设备的交互规则，是通过动态的创建和维持来实现的。用户和设备之间的关系用规则所产生的很强大的机制来确定，用户可以根据自己的规则，来确定这个设备能不能使用。

如果要禁止一个不按规矩来的参与者或者设备评测升级软件的安全，可以用区块链的变更规则，即用超过50%的共识机制来定义。用户在预先设定好的一套规则约束下，创建和执行数字清单，以保证那些自动运行的设备不失效。

区块链和物联网结合之后,设备允许自动搜索它们的软件进行升级,确认对方的可信度,自动执行数字合约。比如与其他设备进行交易、协议和支付等。这样就使得设备可以进行自我服务以及自我维护,节省了人力。

由于智能设备可以自行和其他的设备进行交易,于是一个全新的商业模式也就诞生了,新的商业机遇也就向我们走来。在这种商业模式下,所有物联网当中的设备,都可以成为一个独立的商业主体,可以和其他设备分享自己的资源和能力,并且交易成本非常低,比如带宽和计算周期等。

区块链让物联网当中数以千亿计的设备有了全新的应用,并且促进了新商业模式的诞生,除此之外,区块链还将刺激与这些设备相关的消费品和服务市场的出现。

和区块链技术结合起来的物联网,对于服务提供者和设备制造商来说,吸引力也是空前巨大的。这让他们可以把维护设备的责任交给一个自我维护设备社区。因此,不管是超过了生命周期还是没有超过生命周期,物联网都能够起到非常大的作用,减少基础设施的数量,节省非常多的成本。

区块链和物联网结合,能够极大改变物联网的未来。这种结合是市场发展的趋势,也是两者有相似属性的必然结果。当物联网和区块链完全结合起来之后,我们将看到一个全新的物联网,物联网也会迅速融入我们的生活和工作,体现出它的真实的、巨大的作用和价值。

区块链在保险行业的应用

随着人们生活水平的提高，很多人都开始购买各种各样的保险。2017年的相关数据统计表明，全世界的保险市场规模非常大，基本上占据了全世界经济产出的5.7%，大约有3.92万亿美元。这个规模，是很多人想象不到的。

尽管全世界的保险市场有如此大的规模，但是保险业中的很多问题依旧存在，并且不那么好解决，比如行业的透明度比较低、消费陷阱比较多、保险金的支付手续很烦琐、理赔相对较慢等。这些问题让不少消费者对保险望而却步，也严重制约着保险行业的发展，是长期困扰保险行业的重要问题。每一家保险公司都希望通过技术上的努力来解决这些难题。哪家公司能够率先解决这些问题，哪家公司就可以在行业中脱颖而出，赢得更大的市场。

在以前，这些问题非常难解决，否则也不会一直困扰保险行业。区块链的出现，让这些问题有了解决的可能。因此，保险行业对区块链技术可以说是非常期待的。

在区块链的系统里面，每一个节点都可以成为创建交易的主体，在得到确认以后，相关的交易信息就会被记录在区块链里，非常安全，很难被别人篡改。如果有谁想要改动区块链当中的数据，那将需要付出非常大的成本代价，这是很不划算的事，所以一般也没有人会那样做。

区块链的安全、透明、可追溯等属性，对保险行业来讲可以说是天大的好事。因此，区块链简直就是保险行业独一无二的选择。保险行业与区块链的结合是毋庸置疑的。

上海保险交易所在2017年推出了"保交链"，这是一个区块链保险服务平台。这个平台的功能十分强大，在电子保单存证场景里指纹数据验证上链可以达到每秒5万笔，还可以对高并发的系统请求进行响应。这个系统的应用领域非常广泛，不但在保险交易中可以使用，在监管合规性、反诈骗以及金融清算结算等领域都可以使用。

从公开的资料上可以看到，"保交链"用四个方面的内容构成了它的主体服务架构。这四个方面分别是：用来保证链上数据一致的共识服务架构；用来保证身份数据等相关功能的身份认证服务架构；对认证服务提供支撑，实现智能合约的一系列服务的智能合约服务架构；用来实现动态组网、同一底层平台下多链的配置和访问式服务的平台服务架构。

从系统方面来看，上海保交所基于区块链技术，在应用开发的能力、安全性和可扩展性等方面都有创新性的发展。可以说，上海保交所研发出来的"保交链"，对国内的保险行业来说意义重大，称得上是在行业中破冰的行为。有了这个好的开端，相信其他保险公司和业内人士，也会在区块链和保险行业结合的道路上有更坚定的信心，创造出更多的可能。

区块链技术带给保险行业的好处是非常多的。

首先，区块链可以建立起去中心化的体系，让风险的防范变得更加简单。在分布式数据储存的基础上，区块链让每一个节点都拥有了独立验证客户身份、理赔信息以及保单真实性的能力。这就相当于用集体的力量来防范欺诈等行为。

其次，区块链技术能够建立起以数据驱动的理赔管理模式。保险行业对于数据化和智能化的需求一直都存在，只是很难实现。有了区块链的技术之后，保险公司就能够建立起以客户为本的理赔模式，处处以理赔为中心。于是，人们对保险行业的信任度就会越来越高。因为有智能合约技术，所以理赔就会变得更加简单快捷，这也会赢得人们的喜爱。

再次，区块链可以给保险行业带来全新的商业模式。有不少在世界上做得比较好的保险公司，正在和一些企业建立联盟的关系，这些企业通常在支付业务方面做得比较好。保险公司和这些企业联手，就能在全球账本的基础上，建立一个高效的运作体系，将资源整合起来，建立一个全球化的业务网，让竞争和发展都变得更加科学。让这个设想得以实现的，就是区块链。

区块链和保险行业结合起来，保险行业就会变得更具吸引力。相信在不久的将来，和区块链结合之后的保险行业，能够迎来又一个蓬勃发展的春天。

第九章

"区块链+"

将改变传统行业（二）

区块链在传统行业的应用非常广泛，它可以改变的传统行业非常多。这一章主要介绍区块链在电子行业、社交软件、数据储存、版权等方面的应用。

区块链在电子行业的应用

IBM商业价值研究院对16个国家或地区，共200位电子行业的相关人士做了调研工作，对这些人对区块链技术的期望和体验进行了询问。结果发现，电子行业正在对区块链技术进行不断的探索，这种探索是从确定关键的收益领域开始的。

在受访者当中，有大约14%的人表示，他们的组织会对商务区块链解决方案进行大规模开发。这些对区块链的未来抱有很大的希望，并打算在区块链领域做先行者的人，他们可以说是对区块链拥有最为乐观的心态。这些人还表示，他们会在区块链技术方面投入更多的钱，对这项技术进行更深入的挖掘和开发。这就表示他们对区块链的热情不仅仅是说说而已，是有实际行动来保障的。他们认为，区块链将会对减少导致行业环境日益复杂的摩擦，起到非常积极的作用。

电子行业存在的摩擦主要有三个方面，分别是法规监管限制、信息无法访问以及隐形的威胁。区块链对这些摩擦的缓解，能够提高适用法规的合规性，对业务中断的情况进行更好的预测，对发现新的业务模式也将起到非常积极的作用。

如果对那些在风险、成本、时间等方面带来最大效益的案例加以确定，区块链就可以通过它可以追溯的特性，对这些案例进行完整的追溯。这样一来，就可以从这些案例当中发现一些规律，从而开发出新的业务模式，提高整体的业务水平和能力。

电子行业对区块链技术的研究进行得越来越快和越来越深入之后，在一些数字市场以及边缘计算当中，有非常大的可能会出现新业务模式。

在IBM商业价值研究院的调研中：

14%的人认为区块链会很快在实际生产环境中得到应用，而且是大规模应用；

60%的人认为区块链会给数字市场带来一场变革，这场变革的效果将是颠覆性的；

80%的人认为区块链会在数字市场、边缘计算、资产和库存管理、组件溯源领域带来非常大的效益。

区块链在电子行业应用的广阔未来可以预见，但是这块蛋糕也许不会平分。对整个电子行业来说，由于地理位置分散，非集中式的物流和生产网络几乎是所有电子企业采用的模式。每一件电子产品，都是由多个制造商、流程、分配等非常复杂的要素组合起来的。因此，将各个环节充分协调起来，让这些环节能够保持一致性，就显得非常重要了。

想要让电子行业拥有更高的效率、更低的差错率，看看它包含那么多层次和那么多企业的现状，就知道会很难。不过，如果能够让各个企业的数据直接传递到需要这些数据的地方，并且能保证这些数据的正确和安全，那么就可以让各个组件以最快的速度和最好的方式进行组装了。

为了实现这些目标，首先就要克服数据丢失以及数据不同步的问题。参与到电子行业价值链当中的企业数量越多，数据丢失的问题就会越明显。数据传输的距离越长、次数越多，数据丢失的可能性也就越高。另外，数据不同步的问题也会在数据传输的时候出现。

早期的一些技术，比如电子数据交换技术，对标准化的大量交易中进行的数据交换工作，起到了很好的促进作用。但是，随着多方交易模式的出现，早期的技术已经不再适用。想要设计出一个更好的解决方案，非常困难。因为涉及的相关方越来越多，这就导致对速度的需求也不断增加，并且数据丢失的可能性也越来越大。

为了解决这个问题，电子企业会对中间机构特别有依赖性。虽然现在已经是信息技术非常发达的信息社会，但在流程中很多步骤都需要人工来做，所以耗费了人力，也用了更多的时间，有时候甚至要几个星期才可以完成。在这漫长的过程中，会涉及很多的相关方，并产生大量的摩擦，并对传统运营结构带来很大的压力。

区块链解决了这些问题。区块链的分布式账本的特点，以及它的安全和透明的属性，让它成为各方创建资产相关的交易记录的最佳选择。区块链让电子行业不必为数据的安全性和同步性而担忧，也不必为由于中间机构的介入而产生的漫长等待而烦心。当电子行业的相关企业都在区块链上传输信息时，这些信息都是同步的，安全又简单，还消除了中间的环节，整体效率就会有很大的提高。

区块链可以给电子行业带来非常大的帮助，让众多的电子企业协同起来，提高效率并减少成本。相信在区块链技术的帮助下，电子行业会发展得更加迅速。

区块链在社交软件方面的应用

区块链在很多行业都能够应用，在社交软件方面同样也可以应用。社交软件和区块链结合起来之后，可以产生三个优势：

首先，社交软件和区块链相结合，就可以给所有使用区块链的人提供一个更好的交流平台。人们不但可以在区块链上交易，还可以通过区块链来交友。而社交软件通常会有"附近的人"这个强大的功能，这会让人们的交友变得更加方便。

其次，社交软件往往是吸引流量的最佳渠道。区块链和社交软件相结合，区块链的流量也会变得比以前更大。

再次，当流量变得更大之后，就可以更好地增加或者改善各种模块化的功能，对区块链现在所有的应用也都可以进行改善。

在社交软件方面国外是Facebook为主，国内是微信为主，其他企业想要在社交软件方面做得更加突出，非常困难。但是，如果将区块链和社交软件结合起来，从这方面打造核心竞争力，就有可能改变现状。区块链的技术让社交软件可以和各种行业的顶尖产品对接，并且推动行业资源的更新，于是竞争力也就体现出来了。有了区块链的支撑，加上一些人工运营，就能打造出一个更加安全、方便和快捷的社交体系。

雷晶喜是区块链智能合约分布式场景社交软件MOKA的开发者。MOKA可以像手机上的软件那样进行使用，非常简单。现在智能手机已经非常普及，几乎每个人都有一部智能手机，甚至有些人还有两部或是更多。所以，MOKA具备了被大众接受和使用的条件。

支付宝和微信支付是人们在手机上常用的支付方式，可以说是手机里的钱包。MOKA也有钱包的功能，但它并不是只有这一项功能。MOKA借鉴了支付宝和微信的相关功能，在区块链技术的基础上，形成了一个分布式的社交纽带，这个社交纽带和以往的社交系统最大的不同，就是去中心化。这条纽带可以和环球链的场景结合到一起，实现由点到点，然后最终又回到点的状态。

现在全世界都对区块链技术分外关注，区块链技术的相关应用也被不断开发出来，区块链相关内容就像火山喷发一样快速出现。然而，从国内的情况来看，能够和人们日常生活的场景完美结合的实用型区块链应用还比较少，在整个市场中所占的比例显得很不协调。MOKA的出现，有可能在区块链技术应用场景上，创造出一片全新的景象。

区块链技术是MOKA的基础技术，在这个基础上，MOKA对全球区块链技术场景应用生态链进行了整合、吸收和完善，对发展区块链技术应用多元化的场景落地起到了十分积极的作用。MOKA的应用场景有很多，比如旅游服务、数字货币担保、数字资产理财与转接、全球化社交、留学咨询等。

现在的主流社交平台，几乎全都是中心化的。社交平台用中心化的系统来收集人们的资料，记录人们的行为，通过大数据来分析人们的喜好，并通过平台向人们推广一些内容。中心化的社交网络虽然很好，但是广告对人们的干扰几乎无处不在。用区块链技术打造一个新型的、去中心化的社交平台，就能将广告的干扰降到最低。在以区块链技术为基础的去中心化社交网络上，人们可以享受到点对点的信息交流服务，人们的每一个动作，都能够得到反馈，每一份贡献，也会被社交平台记录下来，并有可能收到奖励。

在中心化的社交平台上，只有那些人气高的人，才有可能为自己创造利润，体现自己的价值，比如各种自媒体和微博上的"大V"。但是，在去中心化的社交平台上，人们可以上传自己的照片、自己写的文章、自制的音乐等。不需要多么火爆，只要做了这些事，就有可能有所收获。这样一来，人们的热情就会变得更高，这是传统的中心化社交平台所无法达到的。

在传统的中心化社交平台上，人们就像是一群蜜蜂，围绕在那些高人气的内容上，而只有这些高人气的内容，才有可能获得实利。而在以区块链为基础的去中心化社交平台上，人们只要做了某种行为，给平台带来了贡献，就可以得到奖励，不需要太多的"蜜蜂"环绕，也能自己酿造出"蜂蜜"来。

区块链在游戏行业的应用

区块链在游戏行业可以应用,而且可以让游戏行业在其影响下变得比以前更好。

游戏行业看起来好像没有什么问题,因为随着智能手机的普及,用手机玩游戏的人越来越多,游戏行业显得特别繁荣。不过,对游戏行业比较了解的人一般都知道,游戏行业有一些难题一直是不好解决的,比如各种外挂(通过欺骗或修改游戏以谋取利益的作弊程序)层出不穷且很难禁止,游戏中的虚拟财产有被盗取的可能,游戏的生命周期逐渐缩短,研发与CP(内容提供商)分成过低,分发渠道垄断等。

如果将区块链技术应用到游戏领域,这些问题都可以得到解决。

区块链本身就是一个分布式的账本,会记录下很多内容。如果游戏使用了区块链技术,那么玩游戏的人登录了游戏,就会产生相应的记录。这样一来,游戏账号的所有动态都会记录得清清楚楚,并且是可以查询的。于是,游戏账号的安全性就会变得更高。

区块链的去中心化特点，让每个人在区块链上所拥有的权力都是相同的，而且中心化的服务器也就没有了存在的必要。这样一来，可以让游戏的玩家对游戏数据有更多的了解，游戏玩家的知情权就能够得到充分保障。这对游戏玩家来说，会显得更加公平。

在中心化的系统当中，所有的游戏数据都存储在中心服务器那里，玩家对这些数据毫不知情。因此，即便游戏的运营商对数据进行了修改，玩家也不知道。如果一款游戏为了增加游戏的吸引力，搞各种各样的虚假活动来欺骗玩家，玩家也很难发现。

比如A游戏是一款玩家数量很多的游戏，在这款游戏当中，有一种非常稀缺的装备，这件装备需要做特定的任务才可以获取。而且，即便是做了这个特定的任务，玩家得到这件装备的概率也是非常小的。于是，为了得到稀缺的装备，玩家需要不断地做这个任务，以求能够爆出这件稀缺的装备。

为了做那个特定的任务，玩家需要购买一张"门票"。A游戏为了吸引更多的玩家，让活跃用户的数量在特定的时间里变得更多，可以搞活动，降低做任务的"门票"的价格，并且还有可能免费发放一部分"门票"给玩家。于是，玩家就赶紧趁着这些活动去做任务。可是，到头来，刷到一件稀缺装备所花的钱一点也不比平时少。

这就有可能是游戏运营商修改了游戏的数据。虽然人们做任务的次数增加了，但是任务中爆出装备的概率却被运营商调低了，因此，总的来说，玩家得到一件稀缺装备所需要花费的钱并没有减少。但是，运营商却为游戏赢得了更高的活跃度。

从上述例子中,能够看出,中心化的系统,让运营商有机会对游戏的数据进行垄断,给玩家带来了一个不公平的游戏环境。当区块链应用到游戏行业当中,运营商和玩家对于游戏的权力会趋于一致。运营商无法随意修改游戏的数据,整个游戏环境会更加公开透明,玩家能够享受到公平的游戏。

区块链的去中心化,给玩家带来的改变还有游戏中资产的支配权。有很多玩家会在游戏中充值,那些充值的资金以及游戏中获得的有价值的内容,构成了游戏中的资产。区块链的去中心化属性,让玩家可以自由支配这些资产,不再受到游戏运营商的影响。

一般在游戏中都会有游戏商城,玩家可以在游戏商城中购买一些道具之类的东西。区块链和游戏结合之后,游戏商城可能就没有存在下去的必要了,因为玩家完全可以自己进行交易,甚至可以在游戏里建立起一个独立的"经济体系"。

游戏中所使用的货币,是游戏运营商创造和发行的,因此,运营商拥有"造币权"。比如,在腾讯公司的游戏当中,玩家可以使用游戏中的货币——"Q币"。在所有的腾讯游戏中,"Q币"都是可以使用的,它是腾讯游戏中的通用货币。这个"Q币"的制造权,在腾讯公司的手里。

但是,区块链应用到游戏行业当中之后,游戏公司的这个"造币权"就会受到挑战。如果能够将所有的游戏中使用的货币都变成一种统一的货币,玩家都能够创造出货币,那么整个游戏行业就会成为一个游戏经济联盟体系。在这样的体系中,游戏运营商对游戏货币的创造权就转移到了玩家的手上,游戏中的虚拟货币和现实中的货币在属性方面会越来越像。游戏运营商的利益可能会受到一定的损失,但玩家的经济利益则会得到更好的保障。

区块链在数据储存方面的应用

对于传统的中心化系统来说，数据储存一直都是一个很重要的问题。在一个中心化的结构当中，数据储存在一个地方，一旦出现了问题，就会带来很大的麻烦。在这样的模式下，数据丢失、数据被篡改等情况，都是有可能发生的。要确保数据的安全，将会花费很多的资源成本。

传统的云服务都是中心化的，无论是阿里云还是亚马逊，都是如此。它们提供的云服务，成本主要在于员工的工资以及数据中心的建设和维护费用。当业务量持续增长，所需要储存的数据越来越多时，中心化的云储存方式就显得效率比较低而且成本高昂了。值得一提的是，数据中心大概消耗掉了全世界电力的1.1%~1.5%，而且它对电力的消耗每年都在保持增长的态势，增长的速度还很快，高达60%。

除了成本高和效率低之外，中心化的数据储存也存在安全隐患，用户的账户名和密码都有被盗取的可能。在这样的系统架构当中，要想100%保证用户资料的安全，几乎是天方夜谭。于是，数据中心便成了互联网发展的一个制约条件。

当区块链的去中心化和数据储存结合起来，数据储存的成本就会大大降低，具体的成本可能只占到中心化数据储存的1%~10%左右。当自动化的去中心化储存系统被完全建立起来，云储存的成本可能最终会变成零。

在区块链技术基础上建立起来的去中心化云储存平台，可以将所有人的储存空间充分利用起来。在这样的环境当中，人们可能会将自己的硬盘空间出租，用来帮助别人储存数据资源，并且获取相应价值的报酬。实际上，现在已经有一些平台让这项功能变成了现实，比如Enigma、Storj、MaidSafe等。

区块链作为分布式的全新结构模式，它的去中心化的特点能够让数据的储存变得更加安全，并且还可以将交易的信息记录下来。它可以自动运行，透明且可以信任，不需要有其他的机构来进行监督审核。这就节省了人力资源，让成本变得非常低。而云计算平台如果是在区块链的基础上运行的，那么它并不需要服务器来维持。我们不仅可以将区块链看成用来确认交易的一个账本，还可以把它当成计算设备组成的一种网络基础设施。不过，区块链并不是云计算，区块链只是用自己的技术将云计算的基础由中心化储存，变成了大众储存。这就推动了云计算技术的发展，让云计算降低了成本，并且还让云计算更加高效。

传统的中心化的云计算需要储存大量的数据信息，可以说是非常庞大的一种"胖云"。当运用区块链技术来处理数据时，云计算就可以变得去中心化，不再臃肿了，变成了"瘦云"。这种变"瘦"了的云计算，对于智能合约的运行会更好,所以我们也可以把智能合约理解成在区块链"虚拟机"上所运行的商业逻辑。尽管虚拟机是传统的云计算当中的名字,但实际上虚拟机就是一个虚拟的网络,这个网络是由中心化的计算机组成的。现在可以用区块链的共识机制将这些计算机联系起来,形成一个共识,来让特定的计算机程序得以执行。

我们不妨将在区块链和传统云计算虚拟机上运行程序的开销进行比较。例如对于以太坊来说,是在物理服务器里运行逻辑,对服务器不需要在意。这个和众包的过程差不多,任务执行者会根据相应的条件获取酬劳,这个条件就是他们对硬件的使用量。而当一个应用在亚马逊AWS这类云服务平台上运行时,收费是由计算速度、数据传输、运算时间以及存储这些因素共同决定的。所以,和区块链结合的云计算,价值定位应该是微型的,从而让传统云计算架构扁平化得以实现,这个实现是通过状态变换的记录层以及加密的交易确认来实现的。

要让应用在新的架构上运行,有一个挑战,即要对应用进行修改,让它符合在区块链基础上建立的web3.0(第三代互联网)架构。比如以太坊的web3.0架构就是三层的:客户端由一个先进的浏览器充当,共享资源由区块链来提供,商业逻辑的去中心化运行由计算机组成的虚拟网络进行。这个方式实际上可以看成现在的网络应用架构的变形,它是加密去中心化发展方向的很好的体现。

区块链在奢侈品行业的应用

区块链的属性对于奢侈品行业来说，是非常好的。实际上，区块链在奢侈品行业的应用早就已经开始了。

区块链的可溯源、不可篡改、去中心化等一系列的属性，对奢侈品行业能够起到很好的帮助，可以让奢侈品行业的发展方式变得更好。

生活水平提高了，人们对于自己的外表就更加重视了，追求奢侈品的人也就越来越多。尤其是对于女性来说，珠宝首饰一直都是她们心仪的物品。但是，假货的存在，对奢侈品市场来说，是影响市场发展的一个重要因素。由于奢侈品价值大，所以假冒的产品很难禁止。怎样让交易更加安全可信，一直是困扰奢侈品行业的一个很大的问题。

"钻石恒久远，一颗永流传"，这句广告语几乎人人都听过。但是，只有真正的钻石才可以有这样的效果，如果是假的，就不可能成为有价值的资产了。区块链技术在奢侈品行业的应用，让钻石真实性的问题不再是难题。

"珠宝大王"戴比尔斯和南非的几家银行一起，做了一个能够将区块链技术应用到奢侈品行业的项目——VAC钻石风控交易去中心化平台。这个平台以区块链技术为基础，将区块链的永久交易记录、去中心化、不可篡改和公开透明等属性充分利用起来。它能够将钻石等奢侈品从生产到流通再到销售的整个过程完全记录下来，让奢侈品交易在整个区块链平台上都能够被追踪。于是，钻石等奢侈品的安全性就有了更好的保障。

传统的奢侈品鉴定，有权威机构出具的鉴定证书，钻石克拉数的鉴定证书就是其中一个例子。区块链技术出现以后，人们对区块链技术应用到奢侈品认证上非常看好。用区块链技术对奢侈品进行认证，就能让奢侈品变成独一无二的商品，让那些假冒的产品无所遁形。

因为区块链技术是去中心化的，并且它可以对奢侈品的来源、加工、运输等数据以时间顺序记录下来，而且是分布式记录，所以既准确又安全。这样一来，奢侈品相当于有了一个非常可靠的电子认证证书。

多元化公链Laikelib是上海和数软件有限公司的区块链技术团队研发出来的，它在性能方面有了很多突破式进展。而且，该团队在研发时，是完全自主研发的，这一点非常可贵。

区块链本来是去中心化的，而Laikelib在区块链本来的基础上有新的突破，它是弱中心化的。这种弱中心化的属性，方便了有关部门的监管，对当前的环境来说，是一种非常好的转变。有了Laikelib，只需要同步一枚钻戒或者某一批钻戒的数据，就可以追溯到从开采到成品的所有信息。于是，消费者在购买钻石时，可以在Laikelib弱中心化的功能之下，对钻石的品质进行确认，也可以对钻石进行追溯，钻石的真假就能够轻松辨别出来。不透明性这个奢侈品买卖的过程中是最让人感到头疼的问题，就这样解决了。

我国奢侈品交易的市场越来越大，购买奢侈品的人也越来越多。因此，对奢侈品真伪的验证，已经成了消费者十分迫切的需求。区块链解决了这个问题，是对奢侈品市场的巨大帮助。

阿里巴巴在区块链应用于奢侈品方面做得非常超前。2018年4月12日下午，在阿里云年会上，阿里巴巴发布了有"正品溯源功能"的区块链技术解决方案。这个技术会在天猫奢侈品平台上应用。通过这个技术，消费者只要扫描产品的溯源码，就能够掌握产品从原材料一直到销售整个过程的信息。这些信息是真实可信的，而且无法篡改。

阿里巴巴区块链在奢侈品行业的应用，给其他平台开了个好头。在今后，一定会有更多的平台将区块链技术应用到奢侈品行业。这样一来，奢侈品行业的发展将会更好，人们在购买奢侈品时也会更加放心。

区块链在版权方面的应用

版权的问题，一直都是很复杂的一个问题。因为版权维权的成本太高，很多人无法承担这么高的成本，或者觉得不值得花费那么多成本去维权，于是对维权就不那么积极，最后对侵权以及抄袭之类的事情睁一只眼闭一只眼。

现在是信息化高度发达的时代，要想让知识变现，现在可以说是前所未有的好时代了。那些原创者最希望发生的事情，就是作品火了起来，自己也赚了很多的版权费。而他们最不希望看到的事情，就是别人抄袭了自己的作品，抄袭作品火了起来，赚了很多钱，而自己的作品却无人问津。

版权保护能够保护原创者的创作热情，是绝对不能马虎的事。但是，对版权的维权，主要存在着三个难题：

首先，很难对原作进行保护。尽管很多原创者都知道自己的作品有可能被别人抄袭，但是如果进行版权登记，有可能会花费很多的费用，同时也用掉很长的时间。如果是在网上进行创作的人，用这种保护方式实在是费时耗财，一点也不划算。大多数在网上创作的人，都不会采取登记和保护的措施，于是他们的作品时刻处于被抄袭的风险当中。

其次，难以寻找证据。当原创者找到抄袭者时，抄袭者往往会表现得非常强硬，仿佛他并没有抄袭一样。这时候，只有拿出证据，才能证明他抄袭了。可是，要寻找到可以被法律认可的证据并不简单，这会难倒很多原创者。

再次，难以维权。原创者首先可以在网络平台进行维权，但是这个过程需要复杂的手续，让人感到不胜其烦。如果进行法律诉讼，则有可能花费更多的成本。于是，很多的原创者在被抄袭和侵权时，都选择了沉默。

区块链技术的出现，让版权维权的问题变得简单起来。有了区块链技术，那些被侵权之后保持沉默的原创者，可以理直气壮地为自己的作品维权了。

区块链应用到版权方面可以起到非常广泛的作用，几乎在所有的维权场景里都可以应用，并且它是有一定的法律效力的，这一点很重要。区块链在版权维权上所提供的帮助，更加快捷也更加省钱。原创者无须担心时间和资金方面的问题，可以放心维权。

区块链可以给原创作品做一个"电子身份证"。这个电子身份证不能被篡改，而且是永久有效的。具体来说就是，根据区块链去中心化的技术特点，给原创的作品嵌入一个密码。这个密码是16进制的，它会在连接到区块链的所有电脑上面储存下来。

区块链在维护版权方面是十分可靠的。

首先，区块链的强大功能，让版权数据是安全可信的。通过ETC（以太经典）区块链网络，把版权登记的信息"申请人+发布时间+发布内容"合并起来，然后加密上传，于是，版权信息就有了一个区块链ID（身份标识），这个ID是唯一的。在区块链强大的功能保护下，这个数据信息是不可篡改的，而且可以永久保存。这可以在全世界得到认可，足以提供版权的证明。

其次，"谁先创作"这个问题对于版权来说是非常重要的，而区块链的时间戳，可以让这个问题得到解决。利用区块链的技术加盖时间戳，这份数据和传统的版权证书是类似的，都能够得到法律的认可。

在利用区块链维护版权方面，已经有过一些例子。

英国女歌手伊莫金·希普就曾不走寻常路，把自己的一首名为《Tiny Human》（《微人类》）的新歌在以太坊的区块链上发布。人们可以直接向伊莫金·希普的账户进行支付，然后就能够拥有她所上传的MP3音乐文件的使用权限了。于是，伊莫金·希普不但让自己的歌曲有了版权方面的保证，并且可以将收入直接纳入自己的囊中。

区块链对于版权维权来说，具有非常大的优势，它不但操作更加简单，而且还是免费的。原创者只需要在区块链上存下创作的信息，就不用担心没有版权维权的证据了。当区块链在版权相关方面应用得更加广泛时，抄袭之类的事情一定会越来越少，创作的环境也会越来越好。

第十章

"区块链+"
将改变传统行业（三）

区块链在政务管理、媒体、农业、交通出行、医疗等方面都可以应用。当区块链在这些行业和领域得到充分应用时，它就能够改变这些行业和领域的现状，给我们的生活和工作带来更多的便利。

区块链在政务管理上的应用

随着科技的发展和时代的进步，社会变得越来越开放，政府部门的政务管理也变得越来越透明。将区块链技术应用在政务管理方面，是很多国家都在考虑的新方向。

如果想要建立一个以区块链为基础的电子政务数字生态系统，让政府各个部门的业务以及向民众提供的服务变得更加智能化和自动化，可以把所有政务领域结合到一块，把政府机构、金融交易、社会领域、经济数据等内容熔为一炉，创造出信息共享的空间。在该生态系统当中，注册管理机构以及和它相对应的软件也属于其中的一部分，从而建立起以智能合约为基础的政府机构、公共用户的平台和应用程序以及企业。

对于区块链在政务管理方面的应用，全世界都在进行积极探索，并且已经做过非常多的尝试。

联合国把区块链技术用在难民援助管理上。联合国等一些国际性的组织，对于新兴的技术总是特别重视。区块链技术火爆全世界，联合国对区块链技术也非常关注。在对约旦难民的援助管理中，联合国就将区块链技术应用在了资金援助和支持上。在一个以太坊平台上，难民能够得到资金援助。这就让资金援助的可追溯性和可信性都变得更高了。

瑞士楚格镇政府给居民发放电子身份证。利用区块链技术，瑞士楚阁镇政府通过以太坊给居民做了一个身份识别登记平台。这个平台让居民的一些活动变得更加方便，比如在线投票以及在线获取居住证明等。这也帮助政府实现了和居民更好的互动，并且也增加了办理业务时和居民之间的信任感。

印度将区块链技术应用到土地登记改革中。在印度《经济时报》的新闻中可以看到，特伦甘纳邦和安得拉邦都在区块链技术的基础上，对土地登记流程做了数字化改造。经过改造，透明度将会变得更高，伪造文件的情况会大大减少。另外，安得拉邦还准备在公民的供应数据库上应用区块链技术，让信息安全得到更有效的保障。

区块链技术可以成为构建政务链生态系统的软件解决方案，它的优点是让安全性变得更强。因为去中心化的储存以及加密算法，所以数据的安全性是非常强的。而且，所有注册管理机构的数据变更记录，都在固态实体储存中心储存，这也让数据的安全性有了更多的保障。

如果在技术上进行分析的话，政务链数字生态系统的网络是点对点的，它的数据中心就是它的节点，每一个节点上都拥有完整的数据。其实，这就是区块链系统的特点。这些节点在不断生成新的区块，周期非常短，还不到一秒钟的时间。它的效率很高，即便是单一的节点，也能够让这个生态系统的效率保持下去，而其他的节点则让整个网络保持正常的运行，并保证了数据不会被随便改动。

国家的政务链生态系统是封闭的空间，是独立的体系，要想访问并使用它的数据资源，需要拥有私钥。一个国家的政务链如果想要接入国际政务链的网络，也是可以实现的。

政务链生态系统以经济关系、金融和法律的实体登记注册为依据，负责的部门是登记注册管理部门，注册项目包括专利许可证、法人和自然人、证券、房地产权、家庭户口关系等。政务链里面，管理登记注册的权限是多层级机制的。

为了不让可能会损害到用户的智能合约有执行的机会，对智能合约使用签名的机制。在政务链生态系统里面，用于监管文档的智能合约叫作智能法律，它明确了国家立法规定的限制以及条件。把智能法律当成注册管理机构的标准，让智能法律能够真正落实到位。需要注意的是，在智能法律约束之下的操作，并不能让某些特殊交易强制执行，例如扣税等，也不可以在法律规定以外实施，例如许可证等。如果在一些法律规定比较模糊的情况下，可以让授权人来做决定，并且还要用数字签名来对这一行为进行确认。

区块链应用在政务管理方面，建立起政务链数字生态系统，其中有在智能法律基础上对资源管理的多层次的权限。它可配置的灵活的机制，无论是对一个国家的政府来讲，还是对国际性的国家组织来讲，都是非常有价值的。

区块链在将来会更多地应用到政务管理当中，也会有更多的国家重视这件事。有了区块链的帮助，政务管理会变得更加公开透明，民众和政府之间的信任也会得到加强，整个国家和社会，甚至是国际的环境，都将会变得更好。

区块链在媒体方面的应用

随着信息技术越来越先进，移动互联网走进我们的生活，媒体在我们每个人的生活中都扮演着重要的角色。每个人都可能会在闲暇时打开手机上的App（智能手机应用程序）浏览媒体信息。媒体从来都没有像今天这样离我们如此之近，打开手机就能看到。

媒体虽然在今天有一个非常好的发展环境，但是媒体还是有一些问题需要解决。将区块链的技术应用到媒体上，就能解决目前媒体所遇到的很多问题。

对信息源头的认定

移动互联网让众多媒体都能够活跃在网上，视频平台、网站、自媒体等在网上有很多，人们有时候都不知道该看哪一个。但是，在网络环境下，各种信息的可信性就成了一个问题。因为信息的源头不好认定，即便是虚假的信息，也很难找到是谁发布的，不知道责任应该由谁来承担。

一些组织或者个人，为了自身的利益，找一些人在网上发布一些虚假的信息，对广大的网友进行误导，让一些不明白真相的人信以为真。这种现象屡见不鲜，而虚假新闻也成为网络平台上一个屡禁不止的现象。

怎样让造谣的情况减少，让网络的新闻环境得到净化，这是各个国家都在关心的问题。区块链技术的可追溯性，让这个问题有了解决的办法。通过对新闻源头的追踪，可以让虚假新闻的制造者无所遁形，而且媒体通过对信息源头的追溯，也可以判断信息的真假，并决定要不要发布这些信息。

私有区块链技术发展平台"猕讯"，是日本Tech Bureau公司开发出来的。这个平台会把秘钥的权限给到相关机构的负责人、发言人以及主管，记者的权限只有新闻的采访和写作。记者对于所采访和写作的内容，是不能够随便更改的，就算改过了，这个改动的记录也可以查到。使用这个平台所发布出去的新闻，不但经过了加密处理，而且会被共享到多台电脑上面。如果是第三方的机构想要对新闻的内容进行篡改，将很难做到。

保护数字版权

因为有哈希算法和数字签名，所以区块链能够精准地跟踪新闻作品的版权，对于新闻作品版权流转的过程，区块链能够分确权、用权和维权三个方面进行记录。国内的版权印、原本、纸贵，国外的Blockai等，都在数字版权保护这个方面，出了很多的应用。

统计传播效果

媒体的广告效果到底怎么样，这是不容易做出准确统计的。区块链技术可以让媒体广告营销有偏差以及效果不透明的问题得到解决，并且可以防止在点击量方面作弊等情况的出现。美国广告技术公司MetaX推出的adChain，就是一个用来对数字广告进行追踪的供应链协议，它能够让媒体和广告商的准确性和运营效率得到显著提升。

付费内容订阅

以前，作者自己写出的稿子，只可以通过向媒体投递，而获得稿费，通过其他途径很难获得报酬，这就是大众媒体时代的特点之一。有了区块链技术之后，那些自由撰稿人以及自媒体的春天就来到了。只要用智能合约对自己创作的内容标价，就能够跳过媒体平台这个中间环节，直接和自己的观众实现互动。观众和"粉丝"给作者的钱，也可以不必经过媒体平台，直接进入作者的腰包。少了媒体平台这个中间环节，作者得到的报酬就会更多。其实，这对于平台来说是有好处的。平台虽然无法作为中间环节来赚钱，但是作者的积极性提高了，所做的内容就会更好，吸引来更多的观众，这对平台来说是更宝贵的流量财富。

全民审稿

媒体发布的新闻内容虚假或偏激，和审核制度也有一定的关系。利用区块链的技术，可以创建一个分布式新闻数据库，这个数据库是公开的，于是一个全民审稿的机制就能够实现了。这可以很好地解决传统审稿过程中所存在的一些弊端，比如编辑胡乱修改、主观内容太多等。这样一来，审稿的质量就会大大提升。

撰稿人在将新闻稿件写完以后，平台可以随机选出几个审稿人。这些审稿人匿名对新闻进行审稿，对新闻的公正性以及准确性提出自己的意见。由于是随机选择，审稿人的评价整体上是比较公允的。撰稿人根据这些意见，对自己的稿子进行修改，以达到更好的表达效果。

另外，通过区块链技术，也许可以建立起不受传统媒体支配的、更加受人们信任的全新的自由媒体平台。

区块链在农业上的应用

区块链不仅可以在一些对数据使用频繁的行业中应用,在农业上也可以应用。区块链因为自身的分布式记账、不可篡改、不可删除等特点,如果应用到农业方面,可以给农业带来更多的创新,让农业的发展变得优势更为明显。或许,区块链技术可以给农业带来一次新的爆炸式的大发展。

区块链在农业上的应用,所带来的好处非常多。

首先,区块链能够让农业的物联网变得更加规模化和智能化。现在,农业物联网的规模越来越大了,农业的机械化水平也越来越高,更多的大型机器开始投入使用。在农业对各种需求都有了更高的要求时,在区块链的技术基础上经由云分布来介入物联网,资源配置将更加科学合理。

其次,区块链可以让农业产品的信息变得更加透明,确保农业产品货真价实,让更多的消费者放心。在互联网和互联网的身份标识技术的帮助下,农业产品的每一项信息,都可以在区块链上进行记录。从农业产品长出来的那时候起,一直到农业产品放到销售的货架上,这整个的过程,都可以在区块链上记录。于是,消费者只要看一下这些信息,就能够对产品的情况了如指掌。这样一来，消费者就会买得放心、买得舒心。

再次，区块链技术能够让农业保险变得更简单。在农业产权交易以及农业知识产权保护方面，农业保险目前做得还不是特别好，提升的空间还有很大。区块链技术加入之后，能让农业保险发挥更大的作用，对维护农业的可持续发展有非常大的好处。农业保险的覆盖范围不够广，保险的品种少，骗保的事情时有发生，这些问题在区块链技术和农业保险结合之后，将会得到很好的解决。除此之外，区块链还可以简化保险的流程，让操作变得更容易。

最后，将智能合约技术和农业保险结合起来，能够让农业保险变得更加智能。传统的农业保险，理赔的过程可能会很烦琐，理赔的时间往往也比较长。在农业自然灾害发生之后，人们都希望尽快得到赔偿，智能合约让这个愿望得以实现。将自然灾害的情况制定成一个智能合约，当发生自然灾害时，根据合约的内容，就可以自动进行赔偿，赔偿的速度会变得非常快。

江苏中南建设集团股份有限公司和黑龙江北大荒农业股份有限公司对"区块链+农业"的相关内容进行研究，把区块链技术和"大数据农业"相结合，合资创立了一个名为"善粮味道"的平台，一起为全世界第一个区块链大农场的发展而努力。

"善粮味道"这个平台的基础是区块链技术和农业大数据以及农业物联网的结合。平台在北大荒高度组织化的管理模式和大规模集约化土地资源的基础上，提出了一种全新的标准化管理模式——"平台+基地+农户"。自治农业组织这个封闭的组织在平台上建立了起来，在该组织里，产品生产的整个流程都是可以被追溯的，从原产地一直到消费者的餐桌上，所有信息都清清楚楚。

北大荒股份董事长刘长友表示：区块链技术和物联网都属于新生的事物，通过区块链技术，产品可以更真实地呈现在消费者的眼前。尽管农业物联网在之前已经建立了起来，但现在看来，它还不够完善。如果区块链技术能够在传统的农业方面应用得更为广泛，那么大多数的消费者都会因此而受益。产品的运输流程乃至生长势头都是可以被查询的，消费者只需要扫一扫二维码，就能够对产品信息进行追溯了。

区块链在全世界火爆异常，在各个领域都开始应用起来。农业作为第一产业，一定也会应用区块链技术，用区块链技术为发展铺路。除了中南建设和北大荒股份在农业方面进行的区块链技术尝试之外，还有很多企业都在积极试水，比如中兴农业和同济大学等一起研发农业区块链应用平台、众安科技利用区块链技术将一只鸡的信息完整地摆到消费者眼前等。

不管是大企业还是小企业，都在区块链和农业结合的方面做着各种努力。在这种热情高涨、积极实践的状态下，区块链在农业方面的更多应用，会很快被开发出来，农业的发展也会越来越好。

区块链在交通出行上的应用

现在随着城市化的程度越来越高,交通的拥堵状况也越来越严重。人们想过很多方法来缓解交通拥堵状况,比如提倡公共交通出行、自行车出行等。但事实证明,很多城市的交通依旧非常拥堵。

对于交通拥挤的情况,哈佛大学公共卫生学院进行过相关的研究。研究认为,路上的行人在交通拥堵时,大部分都会处在有毒的烟雾里面。美国排名靠前的83个城市和地区,每年因此而过早死亡的人数超过2200人。除此之外,交通拥堵所带来的经济负担也是相当重的。

美国交通数据分析公司INRIX曾做出预测,认为2013年~2030年,英国、美国、法国和德国,因为交通拥堵而造成的损失可以达到4.4亿美元。

改变交通拥堵的现状,不但能够节省社会的成本,还有利于提高我们的生活品质。以前想要改变这种现状非常困难,但是有了区块链技术之后,这种改变就有可能实现。

区块链在当前来说，算得上是最为前沿的一种科技了。用区块链技术对现有的交通运输系统进行一次全面的升级，将在很大程度上改变目前的交通运输情况。于是，在已有的交通运输基础之上，或者再加入一些新的运输资源，就有可能因为利用率和效率的提升，解决交通拥堵的问题。具体来说，区块链可以在机械、车辆、控制、电子、通信、资讯等方面，实现对交通运输系统的升级。

交通通畅需要用电子控制技术、电子传感技术以及数据通信传输技术等，来构成一个完整的交通运输管理体系。在这个体系当中，如果能够更加准确、高效和实时地进行数据的传递，效果就会更好。

区块链和交通结合，有可能在以下的几个方面得到应用：

首先，用区块链技术对车辆所在的位置进行记录，对交通拥堵的情况进行判断，自动对交通进行疏导。和现有的路况信息之类的软件相比，这将创造出更好的疏导交通的效果。

其次，通过区块链的智能合约，对不同路段不同情况下的收费标准施行不同的规定。在不同的路段施行不同的收费，同一个路段，当出现不同的路况或者在不同的时间段，也施行不同的收费。

再次，对于违章罚款，可以使用数字货币的形式进行立即支付，节约了时间，提升了效率。

最后，用区块链技术，把车辆和地址绑定，对车辆进行认证管理，就相当于给了车辆一个电子车牌。这样一来，对车辆的管理就会更加方便。

把区块链技术和交通结合在一起，能够让道路变得不再拥挤，人们的出行将会更加安全。与此同时，对能源的消耗也将减少，对环境的污染也会更少。对于交通资讯的整合，区块链技术也能起到很大的作用，并极大提高交通运输系统的效率。对交通监管的相关部门来说，区块链也会是减轻他们工作量的好帮手。

其实我们国家对区块链和交通的结合研究得并不晚，在几年前就已经开始研究了。国家科技支撑计划、863计划和国家自然科学基金等立项并完成了和智能交通有关的科技项目，这个科技项目让智能交通系统的基本理论变得更加完善，也变得更加深入。特别是在大城市交通物联网、交通协同联动控制、车联网等领域，取得了很多的技术突破。在这些领域我们国家和发达国家的差距变得更小。智能交通的实际应用正在变得更加丰富和完善，通过智能交通建设，城市交通会变得比以前更好。

对目前我们国家的交通情况进行分析，到现在，我们国家已经有400多个城市拥有了交通管制、信息统筹等一体化的智能交通管控中心。由此可见，我们国家对于交通的发展十分重视。而交通系统的完善，对于交通状况的改善是非常重要的。再加上区块链技术和交通的融合，这些系统的联动性也会变得更好，所起到的作用也就变得更大。

总之，当区块链技术在交通领域应用得更加全面和深入时，我们国家的交通状况一定会变得更好。

区块链在医疗行业的应用

医疗行业对社会来说至关重要,今天的医疗行业正在向新的服务模式转型,即数字分散化模式。有不少国家都将数字医疗当成未来医疗行业发展的目标,但是因为现在个人健康数据的完整性、安全性以及访问控制等方面,都存在着比较大的问题,所以数字医疗的工作流程并没有体现出高效。区块链的出现,让医疗行业完成这一改革成为可能。

医疗机构的中心化数据库已经过时,文件柜式的管理更是显得和这个时代格格不入,这从患者私密信息经常会泄露出去就能够看出。当基因数据监测手段以及指纹数据的应用越来越广,医疗数据泄露之后所带来的后果也就越来越严重。区块链安全透明、不可篡改以及可溯源等属性,对患者私密信息的保护能起到非常好的作用。这些属性无不表明,区块链才是用来储存医疗数据的最好方式。

杜绝假药

区块链虽然在药品供应链领域已经有了相关的应用,不过目前仍然处在一个比较初级的阶段,只是在药品的追踪以及对药品的防伪方面有比较好的应用。

区块链对药品的防伪验证，和编码防伪技术差不多。用区块链技术进行防伪的药物，通常在外包装上有一个可以被刮开的面，刮开之后显示出来的就是验证标签。这个标签能够和区块链数据进行比对，这样就能保证药品是真品。

2017年，辉瑞与基因泰克等制药公司共同做了一个区块链药品追踪项目，名为Mediledger，还做了试点进行验证。如果这个项目能够达到预期效果，可以在区块链上记录的药品相关数据就有很多，比如制药商、批发商、医院等，只要是在药品供应链上的，都可以记录。因此，药品运输过程中的每一个过程，都能够在区块链上记录下来，药品产自哪里、运输时经过哪里，这些都可以在区块链上查到。于是，药品的真实性就非常可靠，想要用假药来替换真药，几乎是不可能的。

基因泰克副总裁在声明里这样说："确保患者的用药安全，对我们来说是义不容辞的责任。我们也很期待区块链技术能在药品供应链试点中，表现出更大的潜力。"

将区块链的技术应用到药品的供应链中，制药商、批发商和医院的所有药品信息，都可以在区块链上找到记录。药品的所有流程都是可以追溯的，药品在哪一个环节出现了问题，都可以追溯到。因此，药品造假一定会被发现，这就保证了药品的真实性。

假药对医疗行业的危害是巨大的，不给假药任何的机会，就能从根本上维护医疗行业的健康发展。区块链在这方面将会提供非常大的帮助，让医疗行业发展得更加从容。

电子病历

区块链是分布式的账本，本身就是用来储存数据的。区块链在医疗行业应用，可以记录人们的医疗数据，也就是在区块链上给病人建立一个电子病历。区块链上所保存的个人医疗数据，人们可以随时查看，并且利用这些详细的数据，来对自己的个人健康进行规划，还可以作为看病的重要依据。

区块链可以把各个医疗平台的数据连接起来，用一个新的框架，让所有的医疗机构都享受到这些数据的价值，同时还能够保证这些数据的安全。

总的来说，有了区块链之后，病历可以实现电子化，而且不用担心它的安全性，也不用担心它被人篡改。这对于医疗行业来说，将会是非常重要的一次技术变革。

新的数据共享模式

医疗行业原本就有数据共享，但区块链给医疗行业所提供的数据共享模式是全新的。区块链所提供的数据共享模式是去中心化的，所以它所储存的数据更加安全，还能够让监管部门更好地参与到对数据的监管当中。

因为是去中心化的结构，所以医疗数据在传递的过程中会更加安全。而且，对于谁能够访问那些受到保护的医疗信息，也可以进行相关设置，这就让数据的安全系数进一步提高。

将区块链技术应用在当前的健康医疗信息化系统上，把传统情况下健康数据交换工作流程里的第三方省去，管理的效率也会变得更高。

总之，区块链应用到数据共享当中，就能让现有的数据共享实现模式的升级，带来更强大的功能，满足医疗行业对安全性和高效性等方面的更多需求。